はしがき

　マンションは、都市に暮らす者にとってはなくてはならない存在となっており、マンションを終の棲家と考える方、買替えではなく、同じマンションにいつまでも快適に住み続けたいと願う方が増えたことなどから、マンションリフォームの需要が高まりをみせています。建築・不動産業界も、新築マンションに替わる巨大な中古マンションストックの活用に力を入れており、リフォーム、リノベーションがブームとなっています。

　他方で、リフォームに関する法規制は不十分で、専門知識や技術のない業者が多く参入していることから、リフォーム工事に関連するトラブルは後を絶ちません。また、マンションの場合には、専有部分のリフォームが、共用部分や他の区分所有者の共同の利益に影響を与える可能性があることから、管理組合による適正かつ合理的な関与とチェックが不可欠です。ところが、区分所有者の中には、自分の居室内のリフォームは自由に行えると考えている人も多く、専有部分のリフォームについて十分な知識をもち適切に対応している理事会や管理会社は、まだ多くはないと思われます。

　マンション維持管理支援・専門家ネットワークは、区分所有者、管理組合の立場に立ってマンションの維持管理のサポートを行う弁護士、建築士、建築・設備技術者、マンション管理士などの専門家集団として講座・相談会を中心に、2005年より活動している団体です。私たちは、上記のようなマンションリフォームの実態を踏まえて、昨年から今年にかけて3回連続で、建築・管理、法律の観点よりマンションリフォームに関する公開講座を開催してまいりました。本書は、それらの成果をまとめ、新たに専有部分のリフォーム工事細則モデルも資料に加えて、このたび出版の運びとなりました。

　専有部分のリフォームを成功させて、施主である区分所有者の満足と居住環境を向上させるだけでなく、リフォームにまつわるトラブルを防止し、マンション全体の資産価値の向上にもつながるようなリフォームを実現するた

はしがき

めに、本書が参考になれば幸いです。

　本書の出版に際しては、『Q＆Aマンションライフのツボ』の出版（2011年11月）に引き続き、株式会社民事法研究会の編集部の皆さんにお世話になりました。この場を借りて深く感謝の意を表します。

　2015年11月

マンション維持管理支援・専門家ネットワーク

執 筆 者 一 同

『Q&Aマンションリフォームのツボ』

目　次

第1章　総　論

1　マンションリフォームの光と影　……1
　(1)　住み続けるためのマンション　……1
　(2)　快適に永く住もう　……2
　(3)　中古住宅市場、リフォーム産業の動き　……3
　(4)　空き家率0マンションの実現を　……6
2　マンションリフォームのトラブルを防ぐには　……7
　(1)　契約締結前までが肝心　……7
　(2)　信頼できるリフォーム業者を選ぶ　……8
　(3)　第三者の専門家を利用する　……8
　(4)　契約書は必ず書面で取り交わし、工事の内容をできる限り明確にする　……8
　(5)　工事に立ち会うこと　……9
　(6)　工事の変更・追加工事を依頼するときは要注意　……9
　(7)　管理組合への届出等と他の区分所有者への配慮　……9
3　マンションリフォームのツボを習得しよう　……9

第2章　マンションリフォームの基礎知識

Q1　マンションリフォームと区分所有法

　　　マンションのリフォームについて、自分の部屋であればどんなリフォームをしてもかまわないのでしょうか。区分所有法という法律があると聞きまし

目 次

　　　　　たが、何か注意すべきことはありますか。　……11

Q2　マンションリフォームと建築基準法・消防法の規制
　　　　　マンションのリフォームについて、建築基準法や消防法などの規制はありますか。　……13

Q3　マンションリフォームを思い立ったら
　　　　　築25年のマンションです。汚れてきたのと家族数も減ったので、リフォームをしようかと考えています。どのようなことに注意しながら進めたらよいのでしょうか。　……14

Q4　内装材の張替え・変更
　　　　　内装を新しくする際に注意しなければならないことは何でしょうか。　……16

Q5　床や扉のリフォーム
　　　　　床のじゅうたんをフローリングに変えて、あわせて扉も引き戸にしたいのですが、注意することはありますか。　……20

Q6　キッチン・トイレの移設
　　　　　キッチンやトイレなどの水回りの位置を変更する場合の注意点はありますか。　……22

Q7　浴室のリフォーム
　　　　　お風呂が古くなったので、ユニットバスに取り替えようと思いますが、注意点はありますか。　……24

Q8　電気容量のアップ
　　　　　よくブレーカーが落ちてしまうので電気容量を上げたいのですが、電力会社に申請すればよいのでしょうか。　……25

Q9　エアコンの取り付け工事
　　　　　エアコンを取り付けたいのですが、室内機と室外機をつなげる配管を通す箇所がありません。どうすればよいのでしょうか。　……26

目 次

Q10 テレビ配線工事
　　　自分の住戸では何もしていないのにテレビの映り具合が悪くなりました。原因としては何が考えられますか。　……28

Q11 リフォーム費用
　　　リフォームの費用はどのくらいを考えておくとよいのでしょうか。……29

Q12 補助制度
　　　マンション改修に関する補助金にはどのようなものがありますか。……30

第3章　失敗しないリフォームのためのチェックポイント

Q1　リフォーム業者の選び方
　　　リフォームを依頼する施工業者はどのように選べばよいのでしょうか。……32

Q2　建築士（設計事務所）への依頼
　　　リフォームの設計と監理をリフォーム業者ではなく建築士（設計事務所）に依頼するメリットを教えてください。　……33

Q3　設計段階でのチェックポイント
　　　リフォーム業者と設計の打合せをする際の注意点を教えてください。……36

Q4　設計図書のチェックポイント
　　　間取り変更のリフォームを計画しており、リフォーム業者と打合せをしています。図面は何枚かもらいましたが、はたして、自分の希望が反映されているのかよくわかりません。どのように確認すればよいのでしょうか。……37

Q5　見積書のチェックポイント
　　　工事の見積書の見方を教えてください。　……42

目 次

Q6 契約書・約款のチェックポイント
　　　マンションのリフォームを考えています。リフォーム業者と契約する場合、どのようなことに気をつければよいのでしょうか。　……44

Q7 工事中のチェックポイント
　　　内部の壁（石膏ボード）を剥がしてリフォーム工事をし始めたところ、コンクリートの部分に穴があいていることがわかりました。このままでもよいのでしょうか。　……47

Q8 引渡し段階でのチェックポイント
　　　工事が終わったとリフォーム業者より伝えられました。しかし、出来栄えに納得いかない箇所が何カ所か残っています。確実に直してもらうにはどうすればよいのでしょうか。　……49

第4章　マンションリフォームと管理組合

Q1 リフォーム工事と管理組合（理事会）の関与
　　　管理組合は、専有部分のリフォームに際して、どのようにかかわるのでしょうか。　……53

Q2 承認の必要な工事
　　　マンションのリフォームについて、すべて理事長の承認が必要ですか。……54

Q3 申請から承認までにかかる時間
　　　区分所有者からリフォームの承認申請が出されました。専門家に調査してもらっているのですが、当該施主からは早く承認してほしいと迫られています。どうすればよいのでしょうか。　……55

Q4 承認手続・審査と確認方法
　　　リフォームの承認申請に対して、管理組合は、どこまでチェックする必要性や権限がありますか。建築士などの専門家への依頼は必要でしょうか。

申請の不備に対して管理組合はどのように対応すればよいのでしょうか。
……56

Q5　無届工事・規約違反工事に対する管理組合の対応
リフォーム細則では工事着工前に理事長の承認が必要とされているにもかかわらず、ある区分所有者が無断でリフォームをしようとしています。管理組合としては、どのように対処したらよいのでしょうか。　……58

Q6　店舗のリフォームについての注意点
店舗部分でリフォームが行われる場合、特に留意すべきことはどのようなことでしょうか。　……59

Q7　共用部分の損壊と管理組合の対応
リフォームをする際に、共用部分である壁に穴をあけてしまった人がいる場合、管理組合はどのように対処することができるでしょうか。……60

Q8　シェアハウス
区分所有者が部屋をシェアハウスに改装しようとしています。管理規約には特にシェアハウスを禁止する規定はないのですが、理事会として何かできることはないのでしょうか。また、規定がある場合はどうでしょうか。……62

Q9　ベランダのリフォーム
ある部屋の区分所有者が、リフォームをした際に、専用使用権を認めているベランダに砂利を敷き詰め、日本庭園風にしていることがわかりました。管理組合としては、元に戻してもらいたいと思っているのですが、可能でしょうか。その場合、どのような方法をとればよいのでしょうか。　……63

Q10　工事の中止要請
ある施主が行っているリフォームに問題がありそうなので、管理組合としてはその中止を求めましたが、その施主から、中止要請が違法であるから慰謝料を支払えと言われました。これに応じないといけないのでしょうか。……64

Q11　承認したリフォーム工事に瑕疵があった場合の理事長の責任
管理規約に、リフォームについては事前に理事長の承認を得ることとされているので、理事長の承認を得て工事をしたところ、工事内容に瑕疵がある

7

目 次

　　　　　ことが発覚しました。この場合、承認した理事長も施主に対して損害賠償責
　　　　　任を負うことになるのでしょうか。　……66

第5章　リフォーム工事に関するトラブル対処法

Q1　工事の遅延による解除と損害賠償
　　　　　マンションのリフォーム業者にリフォームを依頼して工事中なのですが、
　　　　　完成予定日に間に合いそうにありません。仮住まいのアパートの契約期間も
　　　　　切れてしまいそうです。どう対処したらよいのでしょうか。　……68

Q2　打合せを怠るリフォーム業者
　　　　　リフォーム業者とリフォームの契約をして前金も支払いました。ところが、
　　　　　リフォーム業者が施主である私との打合せを怠ります。どのように対応すれ
　　　　　ばよいのでしょうか。　……70

Q3　工事の途中でリフォーム業者と連絡がとれなくなった
　　　　　工事の途中でリフォーム業者が工事を放り出し、その後連絡がとれなく
　　　　　なってしまいました。契約書に書いてある連絡先に電話してみてもつな
　　　　　がらず、事務所に行っても誰もいません。どうしたらよいのでしょうか。
　　　　　……72

Q4　リフォーム業者の破産・倒産
　　　　　マンションのリフォームを依頼している業者が工事途中で破産するという
　　　　　噂を聞きました。どうしたらよいのでしょうか。　……73

Q5　工事の瑕疵①
　　　　　マンションのリフォーム中ですが、リフォーム業者が注文どおりの工事を
　　　　　してくれず、仕上がりの出来も悪いため、工事の途中ですが契約を解除して、
　　　　　別の業者に頼みたいと思っています。その場合、業者に対して、損害賠償を
　　　　　請求することも可能でしょうか。　……76

Q6　工事の瑕疵②
　　　　　❶バリアフリーにしようと思ってリフォーム工事を発注しましたが、工事
　　　　　完成後も段差が残っています。どうすればよいのでしょうか。

目次

❷キッチンのリフォームが終わった後、半年くらいしてから壁にシミが出たりシステムキッチンの扉が閉まり切らなくなったりと、いろいろと不具合が出てきてしまいました。リフォーム業者にどのようなことをいえるでしょうか。　……79

Q7　シックハウス

家族がアレルギー体質で、自然素材を活かしたリフォームを宣伝しているリフォーム業者にマンションのリフォームをしてもらいました。ところが、工事が終了して再入居した直後から化学物質過敏症に悩まされています。どうしたらよいのでしょうか。　……81

Q8　リフォーム業者の責任追及が可能な期間

マンションのリフォームをしたらいろいろと不具合がありました。リフォーム業者に対してやり直しを請求したいのですが、いつまで請求できるのでしょうか。　……83

Q9　予期せぬ追加工事代金を請求された

リフォームの工事中に現場を見に行った際、リフォーム業者から「ここをこうしたほうがいい」などと言われて、「そうですね」と答えたことがありました。工事終了後に追加工事費用を請求されましたが、支払わないといけないのでしょうか。　……84

Q10　リフォーム工事で漏水被害

上の階から漏水が生じるようになりました。上階のリフォーム工事によるもののようですが、上階の区分所有者やリフォーム業者に対して、損害の賠償を請求できるのでしょうか。　……85

Q11　リフォーム工事中の騒音

隣の部屋のリフォーム工事の騒音がひどくて困っています。文句を言ったのですが、隣家の人は「業者に注意します」と言うだけで騒音は全く改善されません。管理組合から注意してもらうことはできますか。騒音を止める法的な手段はありますか。　……87

Q12　リフォーム工事後の階下への騒音

マンションの上階が、床をフローリングにするリフォームをした後、子どもの飛び跳ねる音、物の落下音、いすを引く音などの生活騒音がひどくて、夜も眠れません。何か対処方法はありますか。　……89

目 次

Q13 リフォーム業者がエレベーターを傷つけた
　　　リフォーム工事を依頼した業者が、工事中に誤ってエレベーターを傷つけてしまいました。管理組合から、エレベーターの修理費用を請求されていますが、払わないといけないのでしょうか。費用を支払ったときは、リフォーム業者に対して、損害賠償請求ができますか。　……92

Q14 違反工事とリフォーム業者・施主の責任
　　　リフォーム工事をしたところ、建築基準法に違反していたことが判明し、直さないといけなくなりました。かかった費用を業者に請求したいと思いますが、認められますか。また、リフォーム工事が管理規約違反ということで管理組合から原状回復を求められた場合の原状回復費用はどうでしょうか。　……93

Q15 中古で購入したマンションの違法工事
　　　中古で購入したマンションをリフォームしようと管理組合に届け出たところ、管理規約に反した工事が行われているので、その部分を補修するよう要請されました。この工事は以前の区分所有者が行ったものですが、補修する義務があるのでしょうか。　……95

Q16 しつこい勧誘・リフォーム詐欺
　　　❶マンションの別の住戸でリフォームの工事をしていたリフォーム業者が訪ねてきて、しつこく営業されて迷惑なのですが、どうすればよいのでしょうか。
　　　❷大規模修繕工事の最中にリフォームの営業をしてきた業者がいます。大規模修繕工事を施工している業者と見分けがつかないのですが、どうすればよいのでしょうか。　……97

参考資料

【参考資料①】　専有部分のリフォーム工事に関する細則　……100
【参考資料②】　「専有部分のリフォーム工事に関する細則」活用の手引　……110

・執筆者紹介　……118

凡　例

区分所有法　　　　　　建物の区分所有等に関する法律

第1章 総論

1 マンションリフォームの光と影

(1) 住み続けるためのマンション

　1970年代、「住宅双六」という言葉があったことをご存じでしょうか。新婚当初は小さなアパート暮らし、子どもが生まれ広めの賃貸住宅に、家賃をローンに変えて分譲マンションを購入し、そのマンションを売却してゴールは郊外庭付き一戸建て。都市の住替えパターンを双六にたとえて表現した言葉です。この言葉でもわかるように、かつてマンションは一時的な住まいというイメージが強かったようです。

　〈図1〉は、国土交通省「マンション総合調査」によるマンションの永住意識を調査した統計です。昭和55年度は「いずれは住み替えるつもり」として半数以上の方が住替えを考えていたようですが、平成25年度時点では、大きく逆転し「永住するつもり」と半数以上の方が答えています。このデータ

〈図1〉 マンションの永住意識

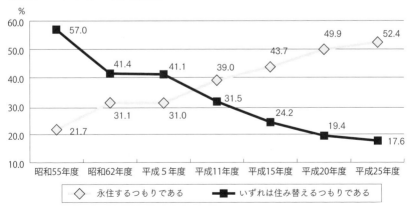

でもわかるように、いつしかマンションは、一時の住まいから終の棲家に役割が変わり、都市に暮らす私たちにとって、必要な住まいとなっています。

(2) 快適に永く住もう

住み続けるためのマンションでは、居住者が安心で快適に暮らしていけることが不可欠になります。そのためには、古くなった設備や内装を新しくする、間取りを変える、バリアフリー化するなど、建物の老朽化や居住者の年齢変化、ライフスタイルの変化にあわせて、住まいをリフォームしていくことが必要になってきます。ここで、いくつかの事例を紹介します。

今から30年前、Aさんはマンションを購入し2人の子どもを育て上げました。子どもたちがいる頃は子ども部屋も必要で、部屋が足りないことが大きな悩みでしたが、子どもたちが独立し、仕事も定年退職して家にいる時間が長くなった今となっては、多くの部屋数も必要なくなりました。むしろ、夫婦がゆったり暮らせるように、広いリビングで開放感のある住まいに一新したいと考えるようになり、設計事務所に相談して住まいを全面リフォームすることにしました。全面リフォームとなると、仮住まいに移り、住戸内すべてを解体して新たに造り替える大規模な工事となるため苦労もありましたが、工事が完成した現在では、安心して夫婦2人がのんびり暮らせる住まいができたと大変満足されています。

間仕切り壁を取り除き、広々と開放感のある住まいにリフォームした住まい

Bさんは、お風呂の防水を直す機会に、あわせて段差をなくして使い勝手のよいお風呂に造り替えることにしました。昔のマンションは、今のようなユニットバスではなく、脱衣室と洗い場の間には10cm程度の段差があるのが一般的でした。10cm程度の段差も、加齢による体力の低下、将来的な介

護浴への備えからみても、いずれは解決しておきたい課題でした。そこで、最新のユニットバスに変えることで、段差をなくし、防水の心配もなくす、一石二鳥のリフォームを行ったのです。

（ビフォア）10cmの段差が煩わしさを生みます。洗い場のタイルも足裏がヒヤッとして嫌なものでした

（アフター）ユニットバスにすることで段差がなくなります。脱衣室は籐の床材にし、心地よく。煩わしかったお風呂が快適空間に早変わり

このように、末永くマンションに住み続けるためには、工事の大小を問わず、お財布と相談しながら将来を見据えたリフォームを実現し、安心快適なマンションライフを実現することが大切となります。

(3) 中古住宅市場、リフォーム産業の動き

超高齢社会を迎え、古くなった住宅へのリフォーム市場は、これからの経済基盤としても期待されており、キッチンやお風呂、洗面台の交換、内装のやり替えなど小規模なリフォームを中心にリフォーム産業が活性化しています。ただし、「今なら無料診断しますよ」、「キャンペーン期間で安くできますよ」など、言葉巧みに営業活動を行い、欠陥工事でトラブルを招いている例も多々あり、リフォーム会社が営業停止命令を受けたという話題も新聞紙面で見受けられます。

〈図2〉は、独立行政法人国民生活センターに寄せられたリフォーム関係の相談件数をまとめたものです。年間にして1万6000件程度の相談があり、建物全般にわたって相談が寄せられています。相談内容も、契約に関するこ

〈図2〉 リフォーム関係相談件数の推移

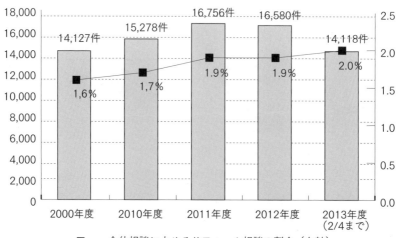

出典：国土交通省「国民生活センターにおけるリフォーム関係相談の状況について」

とから、工事の不具合、支払いのトラブルなど多岐にわたり、多くは事後相談となってしまっています。工事は専門的な内容が多く、素人では、リフォームの必要性、工事の出来具合など判断がつかないことも多々あり、信頼のもとにお願いするしかないというのが実情だと思いますが、頼んでしまってから、「こんなはずじゃなかった」となってしまっては手遅れとなりますので、消費者としては十分に知識を積み、時には専門家に相談しておくことが大切だと思います。

　また、国土交通省「マンション総合調査」では、平成25年度のマンションの新規分譲戸数は約11万戸に対し、空き家となっているストック戸数は約600万戸という調査結果が出ています。この巨大ストックをリフォームし、再販売や賃貸する市況も活気づいています。このような不動産業を目的としたリフォーム、リノベーション、リファイン（※1）では、少ない費用で最大限の効果（収入）を得ることが重要となってきます。そのため、共同生活に支障が出るようなリフォームも、不動産業者にとってはおかまいなしとい

> ※1　リフォーム、リノベーション、リファインの違い
>
> 　最近の中古住宅市場が活性化するにつれて、リフォーム、リノベーション、リファインといったさまざまな言葉が住宅雑誌や広告、不動産業界で使われるようになってきました。現在、それぞれの言葉に明確な定義はありませんが、おおよその意味合いをまとめてみます。
> ①　リフォーム：設備や内装の交換など、古くなった物を新しくする場合に多く使われているようです。
> ②　リノベーション：間取りの変更、オール電化や自然素材などの新たな付加価値を付けて、住宅の価値を一新させるリフォームに多く使われているようです。
> ③　リファイン：全体的に老朽化して陳腐化してしまった住戸を全面的にリフォームして再生させる場合に多く使われているようです。
> 　いずれも、古くなった物を新しくするという意味においては同じですが、その目的や程度によって、主に不動産業界では意識的に使い分けている場合が多いようです。管理組合としては、すべてをまとめてリフォームとしてとらえておいても、支障はないでしょう。

う事例も耳にします。皆さんもご存じのシェアハウス問題はその典型例ではないでしょうか。

　これらリフォームに関する多くのトラブルの根本には、消費者が安心してリフォーム工事に取り組める社会的なしくみが不十分であることも影響しており、国も平成26年に「住宅リフォーム事業者団体登録制度」を立ち上げるなど、リフォーム産業の制度整備が行われている状況です。しかし、まだ不足も多く、たとえば、建設業法では工事の種別と請負金額に応じて建設業許可（※2）を必要とするか否かが定められており、場合によっては許可を受けていなくても工事ができることになっています。また、リフォーム工事に適した工事請負契約書や約款のモデルもない状況です。さらに、区分所有法や管理組合内のルールを十分に認識していないリフォーム業者が多いのも問題と思われます。

第1章　総論

> ※2　建設業許可
>
> 　建設業を営もうとする者が一定の規模以上の工事を行おうとする場合、建設業法3条により建設業許可を受ける必要があります。許可にあたっては、国または都道府県により、経営力や技術力などの審査を受けることになります。
> 　許可の有無については、ゼネコン（総合建設業）のように、建築物全般の工事を請け負う工事（建築一式工事）で1500万円以上、内装や設備など部分的な工事のみを請け負う工事（建築一式工事以外）で500万円以上の場合、許可が必要になります。

　いずれにしても、管理組合としては空き家が出たときに新たな居住者が入ってくることは、防犯やコミュニティの面でも大切なことであり、中古市場の活性化はウェルカムな話だと思います。大事なことは、管理組合が不動産会社やリフォーム業者にしっかりと説明をし、余計なトラブルを生まないための手続やしくみづくりに努め、快適な共同生活を維持することが大切になってきます。

(4)　空き家率0マンションの実現を

　〈図3〉はマンションの高齢化率を示したグラフです。マンションの最大の欠点は2世帯住宅を造ることができないため、マンション内の世代交代が進みづらく、おのずと高齢化していくことにあります。

　居住者が高齢化していくことは、コミュニティの成熟にとっては貴重なことであり、熟練管理組合員が多くいることは頼もしい限りです。しかし、一方で福祉施設への転居、相続による売却などにより空き家を生むリスクも同時に抱えることになります。

　管理組合としては、できる限り今いる居住者に住み続けてもらうこと、空き家が出たら新たな居住者が入ってくることが大切になりますので、ますますリフォームの推進を図っていくことが重要なテーマとなってきます。円滑なリフォームを進めながら、空き家率0マンションを実現しましょう。

〈図3〉 世帯主の年齢

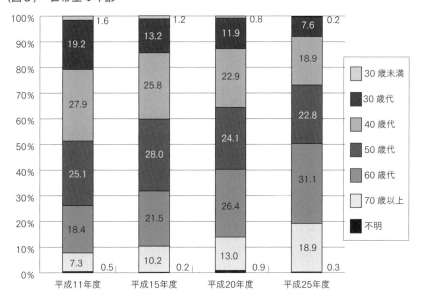

2 マンションリフォームのトラブルを防ぐには

(1) 契約締結前までが肝心

リフォームのトラブルの原因の多くは、リフォーム業者との契約締結前に生じます。トラブルを未然に防ぐには、リフォームの計画、業者の選定、打合せ、設計、見積りの各段階が鍵になります。

リフォームを依頼する側（施主）は、建築の素人であることが普通であり、請負契約を締結する場合、元々施主は弱い立場におかれていることを自覚して、特に以下の点に気をつけてください。

①　予算と必要性（優先順位）を考えて、期間については余裕をもってプランを立てる。

②　信頼できるリフォーム業者に依頼する。

③　いい加減な図面で納得しない（設計図書をきちんと要求する）。

④　口約束で安心しない。必ず書面に残す。打合せの議事録もつくる。
⑤　見積書は詳細なものを要求する。
⑥　わからないことは、わかるまで説明を受ける。
⑦　見切り発車で、契約をしない。工事を始めない。

(2) 信頼できるリフォーム業者を選ぶ

　一般的には、建設業法の適用を受ける登録業者に依頼するほうが安心といえるかもしれませんが、一概にそうともいえません。マンションリフォームの実績・経験は重要ですが、大手だからとか、他社より安いというだけで選ぶのは禁物です。見た目やデザインだけを重視してリフォームを勧める業者も要注意です。結局、上記の③から⑥までの要求に対して誠実に対応するリフォーム業者かどうかを見極めることが決め手になるでしょう。

(3) 第三者の専門家を利用する

　信頼できるリフォーム業者を見つけることが最善策ですが、簡単ではありません。そこで活躍するのは第三者である専門家、具体的にはマンションをよく知った建築士、弁護士、マンション管理士になります。リフォーム業者の技術は、素人が思うほど高くはないのが実情です。それを見抜けるのはマンションをよく知った建築士になります。工事が始まる前に建築士に現場に来てもらい、設計図書や見積書をチェックしてもらえば、トラブルを未然に防ぐことにつながります。リフォーム業者の中には建築士の免許を持っている方もいると思いますが、第三者の目で確認することが必要でしょう。

(4) 契約書は必ず書面で取り交わし、工事の内容をできる限り明確にする

　設計図書・見積書に基づいて、十分に協議を行い、理解し納得したら、契約書を締結します。
　契約内容（契約書／設計図書／見積書）にないことは要求できません。後で言った言わないの不毛な争いにならないよう、重要なことはすべて、契約書、設計図書、見積書に明確に記載することが大切です。口約束は禁物です。

(5) 工事に立ち会うこと

　工事には、できる限り立ち会いましょう。工事の経過を写真に残しておくことも、後に、万一トラブルが発生した場合に備えて有用でしょう。途中で工事に不審な点が生じたとき、判断に迷うときは、工事をいったん中止させて、第三者の専門家に見てもらうことも考えましょう。

(6) 工事の変更・追加工事を依頼するときは要注意

　途中で工事内容を変更したり、追加工事を行うときは、注意しましょう。本当に必要な変更なのかどうか、代金は別に発生するのかどうかを明確にしてから依頼します。その場合も、変更設計図書と見積書、追加（変更）工事請負契約書をきちんと作成するようにしてください。

(7) 管理組合への届出等と他の区分所有者への配慮

　リフォームを計画した段階で、管理規約や細則に定められた届出・承認の有無や必要な書類の準備、手続やスケジュールなどをあらかじめ確認しておきましょう。

　また、リフォーム業者に対しては、工事中の騒音や粉塵などの防止対策や、廊下やエレベーターなどの共用部分を傷つけたり汚したりしないように養生対策を十分にすることを要求し、契約書に明記させましょう。

　工事前に、上下階や両隣の住人に対してひと言ごあいさつをしておくことも、騒音・振動などによる感情面でのトラブルを防止するには有用です。

3　マンションリフォームのツボを習得しよう

　本書は、弁護士、建築士、マンション管理士がそれぞれの専門性や経験をもとに、管理組合の視点で、リフォームの知識、課題、対処法をまとめたものです。Ｑ＆Ａ式となっており、皆さんの関心事に基づき活用いただけるように工夫してあります。

　また、本書を通しで読むことで、リフォームのツボを全般的に把握することになりますので、管理者である管理組合の理事長・理事の方にとっては心

強い味方になることと思います。
　ぜひ、本書によりリフォームのツボを習得していただき、円滑なリフォームの推進と誰もが安心で快適に住み続けられるマンションライフを実現してください。

第2章
マンションリフォームの基礎知識

Q1　マンションリフォームと区分所有法

Q マンションのリフォームについて、自分の部屋であればどんなリフォームをしてもかまわないのでしょうか。区分所有法という法律があると聞きましたが、何か注意すべきことはありますか。

A マンションの所有関係については、区分所有法が規定しています。各区分所有者の区分所有権が及ぶ範囲は専有部分についてのみであり、リフォームもその専有部分についてのみ行うことができるのが原則です。

解説

(1)　専有部分

「1棟の建物」に「構造上区分された数個の部分で」「独立して」「建物としての用途に供することができるものがある」場合、区分所有法の適用により、その各部分はそれぞれ所有権の目的とすることができます（区分所有法1条）。マンションの場合がそうです。

マンションにおいて、リフォームをすることができるのは、自分が区分所有権を有する部分に限られるのが原則です。これを専有部分（区分所有法2条3項）といいます。それ以外の部分は共用部分といい（同条4項）、複数の区分所有者の共有に属します。したがって、各区分所有者が自己の判断で勝手にリフォームをすることはできません。

共用部分とは、「専有部分以外の建物の部分、専有部分に属しない建物の附属物」（区分所有法2条4項）です。区分所有法4条1項および2項では以下の部分が共用部分とされています。

① 数個の専有部分に通ずる廊下または階段室
② その他構造上区分所有者の全員またはその一部の共用に供されるべき建物の部分
③ 本来は専有部分であるが各マンションの「規約により共用部分とすること」とされた部分

この②において、構造上、建物を支える軀体部分は共用部分です。具体的には、居室内のコンクリートでできた構造壁などです。リフォームの際にこのような構造壁に勝手に穴をあけたり、あるいは居室の間取りを変更しようとしてこの壁を取り払ったりすることはできません。また、玄関扉やアルミサッシュ、ガラスについても注意が必要です。これらは、防火の役割を担うものであり、本体そのものは専有部分に属しません。区分所有者が、勝手に自分の趣味・嗜好に合致するデザイン・仕様の扉等に交換することなどはできません。

(2) 共用部分

ただし、共用部分に関する工事であっても可能となる場合があります。

区分所有法17条1項は、共用部分の変更について総会（集会）の特別多数による決議が必要としていますが、ここでいう「変更」とは共用部分について形状または効用を確定的に変えることを意味するとされています。そして、これに至らない変更（形状または効用の著しい変更を伴わないもの。軽微変更といいます）については除外されており、同法18条において規定されるところとなります。同条では、総会（集会）の普通決議によるとされ、また、これについては「規約で別段の定めをすること」が認められています（同条2項）。

たとえば、マンション標準管理規約（単棟型）では、この場合の手続について17条に定められており、区分所有者が専有部分の修繕工事を実施する場合に理事長による承認を得ることとし（同条1項）、承認の範囲内においてそれに係る共用部分の工事ができるとされています（同条4項）。

(3) 管理規約・細則の確認

専有部分、共用部分の区別については管理規約に規定されていることが多いので、必ず確認してください。また、リフォーム工事に関する規約や細則を定めているマンションも多いので、必ず確認してください。

Q2 マンションリフォームと建築基準法・消防法の規制

Q マンションのリフォームについて、建築基準法や消防法などの規制はありますか。

A マンションリフォームをする際には、建築基準法や消防法による規制があるため、これを遵守する必要があります。規制内容はマンションの立地や規模、階数、用途（住宅、店舗、施設）などにより、大きく違いがあります。

一般的に気をつけておいたほうがよい主な内容を、以下にご紹介します。

① 用途変更　住戸を店舗、事務所、福祉施設等、用途を変更する場合は確認申請が必要となります。

② シックハウス対策　クロスや床材などの内装を交換する場合は、建材の化学物質含有量による使用規制、24時間換気設備の設置など、シックハウス対策の基準に適合しておくことが必要です。

③ 内装制限　建物の規模、階数、火気の使用などの条件により、壁や天井の仕上げ材（クロスなど）に制限があります。

④ ファイヤーダンパー設置　台所換気扇の排気ダクト（配管）など、一定の大きさ以上のダクトで、延焼のおそれのある部分（敷地境界線や道路中心線から5m以内など）に面するもの、および、防火上区画されて

いる部分を貫通している箇所には、ダクト内にファイヤーダンパー（延焼防止設備）の設置と交換するための点検口が必要となります．

⑤　火災報知器　火災報知器の設置が必要な場合がほとんどです。間取りを変える場合など注意が必要です。

⑥　界壁の遮音性能　建築基準法では、お隣との戸境壁（界壁）に遮音性能の基準が規定されています。

⑦　区画の確保　建築基準法では、住戸と廊下の間を火災に強い壁（コンクリートなど）で区画することにより、さまざまな規制の緩和や除外を受けている場合が多くあります。壁に穴をあけることはもちろん、配管の貫通分処理なども気をつける必要があります

いずれにしても、個々のマンション、住戸の位置により、関係する法規制が変わってきますので、建築士に相談することが賢明です。

Q3　マンションリフォームを思い立ったら

Q　築25年のマンションです。汚れてきたのと家族数も減ったので、リフォームをしようかと考えています。どのようなことに注意しながら進めたらよいのでしょうか。

A　「どのようにリフォームしたいのか」というより、「現在何が問題なのか」をまず考えましょう。これを押さえておくことにより、余計なリフォームを避ける等、ぶれのないリフォームを計画することが可能です。

解説

(1)　生活上の問題点をあげてみる

暮らしやすさ、快適性の確保のために暮らしと建物の矛盾を少なくしようというのがリフォームです。生活上のソフト面の向上、専有部分の建物の「建築・電気・管（給排水）設備」というハード面の向上がリフォ

ームの目的です。まずは、生活上の問題点をあげてみましょう。汚れてきて気にしていること、不便を感じていることを考えましょう。気に入っているところを残していくことも大切ですので、忘れずにあげておきましょう。

　毎日の時間軸で、家族の生活パターンを追いながら、改善すべき箇所をあげていきます。春夏秋冬の季節による気温の変化などへの対応も考えてみましょう。電気容量の過不足、分電盤の位置、停電時への備え、感震ブレーカー設置などについてもリフォーム時にチェックを行いましょう。

(2) 業者の選定と予算計画

　次に、信頼できる業者を選び、リフォームの希望を伝えます。設計と見積りの打合せは、十分に納得できるまで行ってください（第3章Q1～Q5参照）。

　並行して、概算の予算を立てて資金繰り計画を立てます。途中であれもこれもと欲張って、終わってみたら予算オーバーとならないように、リフォーム箇所の優先順位も考えておきましょう。工事の期間（いつから着手していつまでに終わらせたいか）については、余裕をもって計画してください。

　また、管理規約や細則の専有部分のリフォーム工事に関する規定をチェックして、違反工事とならないように気をつけましょう。

(3) リファイン（スケルトンリフォーム）

　間取り等の変更を計画する場合、給水・給湯・排水など水回りについては、構造上動かせない場合もありますので、気をつけましょう。間取りの変更によって下階の住戸に生活音が大きく伝わる場合もありますので、これも要注意です。

　コンクリート軀体を残して内装はすべて更新してしまう工事（スケルトンリフォーム）は費用がかかりますが、多様な要望に応え、基本的な性能を向上できるチャンスでもあり、以下のような工事が可能となります。

① 防火性能の向上　　古いマンションでは、上下左右の区画になる壁の穴を塞いでいない場合がありますが、スケルトンリフォームでは、火事

のときに延焼を防ぐ（燃え広がないようにする）など防火性能を向上させることが可能となります。

② 断熱性能の向上　　間仕切りがなくなるので、断熱材を全体に効率よく工事できます。古いマンションは断熱性能が低く、結露を発生させる原因であることも多いことから、これは温熱環境の向上といえます。

③ 設備配管の把握・更新　　給水・給湯・排水・空調の系統や管自体の状態を確認しやすくなります。躯体に埋め込まれている管を含めて、大規模修繕工事のときまで性能を発揮できるのかもチェックできます。エアコン設置時のドレーン管の配置なども考慮しましょう。

Q4　内装材の張替え・変更

Q 内装を新しくする際に注意しなければならないことは何でしょうか。

A マンションのつくられ方で最適な材料や工法に違いがあり、間違えると騒音などでトラブルを招きますので、ご心配の場合は建築士に相談することをお勧めします。また、建築基準法などの法律も関係する場合がありますので注意してください。

 マンションは、建築基準法や消防法などの法律に基づいて造られており、JIS基準なども関係してきます。ここでは、大きく防火上の制限、化学物質の制限について、詳しくご紹介します。

(1) 防火上の制限

建築基準法では、階数や規模、用途などにより、使用できる内装材に制限があり、代表的なものとしては、台所などの「火気使用室」の天井や壁を制限する「内装制限」という規定があります。

もし、台所のクロスをリフォームする場合、クロスは「準不燃材料」の認定を受けた材料を使用する必要がありますが、気をつけなければならないのは、クロスを張る下地（代表的なものは石こうボード）も準不燃材料にしないと準不燃性能がある扱いにならない点です（〔表1〕参照）。

クロスや石こうボードなど、認定を受けている材料には、カタログなどに表記がありますので、選ぶ際に確認するとよいでしょう（〈図1〉参照）。

〔表1〕 主な内装制限（抜粋）

※Aの建物がBに当てはまる場合、Cの制限が生じる

A．用途・構造・規模区分	B．左記用途に供する部分の床面積の合計			C．内装の制限内容
	耐火建築物の場合	準耐火建築物の場合	その他の建築物の場合	居室等
② 病院、診療所（患者の収容施設のあるもの）、ホテル、旅館、下宿、共同住宅、寄宿舎、児童福祉施設等	（3階以上の部分）300㎡以上	（2階部分）300㎡以上（病院、診療所は、2階に患者収容施設がある場合に限る）	200㎡以上	難燃材料（3階以上の階に居室を有する建築物の当該用途に供する居室の天井については、準不燃材料とする）
④ 地階または地下工作物内の居室等で①②③の用途に供するもの	全部			準不燃材料
⑦ 階数および規模によるもの	○階数が3以上で500㎡を超えるもの ○階数が2で1000㎡を超えるもの ○階数が1で3000㎡を超えるもの ただし、次のものを除く。1）（略） 2）100㎡以内ごとに居室で、耐火建築物または主要構造部を準耐火構造と			難燃材料

		した準耐火建築物の高さが31m以下の部分にあるもの 3）②欄の用途に供するもので高さが31m以下の部分	
⑧	火気使用室	住宅	階数が2以上の住宅で、最上階以外の階にある火気使用室	準不燃材料
⑨	階数が11以上のもの	200㎡以内に防火区画（20分遮炎性能を有する防火設備を除く）された部分	準不燃材料（下地とも）
		500㎡以内に防火区画（20分遮炎性能を有する防火設備を除く）された部分	準不燃材料（下地とも）

※材料の防火性能は、不燃材料＞準不燃材料＞難燃材料＞非防火となります。

〈図1〉 クロス見本帳

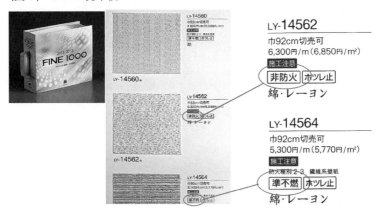

(2) 化学物質の制限

　建材の中には体に有害な化学物質が含まれるものもあり、シックハウス症候群、化学物質過敏症などの健康被害を引き起こし、社会問題にもなりました。有名な化学物質としては、「クロルピリホス」や「ホルムアルデヒド」があげられます。建築基準法では、居室に限って「クロルピリホ

ス」を原則使用しないこととなっており、「ホルムアルデヒド」については、その発散量によって星の数で表記したJIS区分があり、それぞれの区分に応じて使用できる面積を制限しています（〔表2〕参照）。化学物質については、WHOや厚生労働省でも指針があり、現在普及している建材の多くは安全なものとなりましたが、接着剤や塗料などの材料にも注意しておくことが大切です。

　また、建材の使用制限以外に、24時間換気システムの設置も必要です。24時間換気システムとは、建材を制限しても家具などに一定の化学物質が含まれているため、微弱な風量で24時間強制的に換気を行うしくみのことをいいます。一般的にはトイレの換気を代用する場合が多いですが、その場合はドアに隙間などを設けることが必要ですので、専門家に相談して確認することをお勧めします。

〔表2〕 ホルムアルデヒド発散材料とJIS基準

表示記号	建築材料の区分	発散値（μg/m²·h）	使用制限
F★★★★	（規制対象外）	5以下	なし
F★★★	第3種ホルムアルデヒド発散材料	5〜20	使用面積制限あり
F★★	第2種ホルムアルデヒド発散材料	20〜120	使用面積制限あり
F★	第1種ホルムアルデヒド発散材料	120超	使用禁止

〈図2〉 フォースター表示例

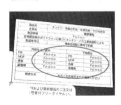

Q5　床や扉のリフォーム

　床のじゅうたんをフローリングに変えて、あわせて扉も引き戸にしたいのですが、注意することはありますか。

　床のつくられ方で違いはありますが、下階への騒音に注意する必要があります。

解説　古いマンションでは、床コンクリートの上に直接じゅうたんを敷いている場合があります。じゅうたんはクッション性があるため一定の吸音効果がありますが、そのじゅうたんをフローリングに替えると音が響きやすくなり、下階の方からクレームを受ける心配があります。もし、フローリングを用いる場合は、直床用と呼ばれるフローリング材裏にスポンジ状のクッション材が取り付けてあるものをご使用ください（〈図1〉参照）。ただし、従前のじゅうたんや床コンクリートの厚さにより、変化の程度は異なりますので、十分に専門家と相談してください。どうしても心配な場合は、新築マンションで使われている二重床と呼ばれるつくりにすることで、足音などの軽い音をさらに響きにくくすることができます（〈図2〉参照）。ただし、二重床にする場合は、室内の床が全体的に上がるため、壁や建具、

〈図1〉　防音直貼りタイプのフローリング材

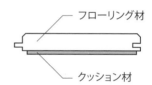

〈図2〉　二重床のイメージ

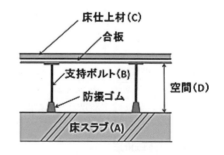

作り付け家具、設備機器の据付も変える必要がありますので、全面的なリフォームをする際に、実現可能な方法になります。

また、床の遮音性能については、最低限の遮音性能を規定した法律はありませんので、注意しながら自主的に判断する必要があります。その場合は諸団体が出している指標が参考になります。その代表として〔表１〕は一般社団法人日本建築学会の指標で古くから用いられてきた「Ｌ等級」と呼ばれるものです。気をつけなくてはならないのは、床の遮音性能は、コンクリートの厚さや床材の種類、床下空間の大きさ、床の面積、発生する音の種類（軽い音（コンコン）、重い音（ドンドン））によって違いが生じる点です。しかし、床材のカタログに記載されている「Ｌ等級」は想定した下地を含めた性能のため、試験時と異なる下地で使用すると、指標と大きな差が出るものでした。そこで、床材関係の工業会によって、床材単体としての特性を表示した指標「ΔＬ（デルタエル）」が2008年につくられました（〔表２〕）。

管理組合によっては管理規約で遮音性能を「Ｌ等級」で規定している場合もありますが、その表示だと下地によって期待する性能が得られない場合が

〔表１〕 遮音等級の目安

遮音等級		L-30	L-35	L-40	L-45	L-50	L-55
床衝撃音	走り回り、足音など	ほとんど聞こえない	静かな時に聞こえる	遠くから聞こえる感じ	聞こえるが気にならない	ほとんど気にならない	少し気になる
	いす、物の落下音	全く聞こえない	まず聞こえない	ほとんど聞こえない	サンダル音は聞こえる	ナイフ等は聞こえる	スリッパでも聞こえる
	その他の例	子どもが大暴れしてもよい	多少飛び跳ねてもよい	気兼ねなく生活できる	少し気をつける	やや注意して生活する	注意すれば問題ない

出典：日本建築学会「建築物の遮音性能基準と設計指針」（1997）

〔表2〕 ΔL等級の基準値（軽量床（ΔLL）の場合）

表記する等級		ΔLL-5	ΔLL-4	ΔLL-3	ΔLL-2	ΔLL-1
軽量衝撃音レベル低減量の下限値	125Hz帯域	15dB	10dB	5dB	0dB	－5dB
	250Hz帯域	24dB	19dB	14dB	9dB	4dB
	500Hz帯域	30dB	25dB	20dB	15dB	10dB
	1kHz帯域	34dB	29dB	24dB	19dB	14dB
	2kHz帯域	36dB	31dB	26dB	21dB	16dB

※軽い音の場合の基準値です。重い音の場合の基準値（ΔLH）もあります。
※横軸（列）は低減量による等級、縦軸（行）は発生音を音域で区分しています。
※数字が大きいほど遮音性能が高くなります。

多いため、「ΔL」表示に変えたほうがよろしいでしょう。下階への影響を極力減らしたい場合はΔLL-4以上を求めたいところですが、二重床の場合は、ΔLL-4以上の商品は種類が少なく高価なため、ΔLL-3以上とすることも考えられます。そのため、建築士やリフォーム業者に調査してもらい、論理的に遮音性能を考えておくことをお勧めします。　開き戸を引き戸にリフォームする際ですが、開閉時に引き戸の戸車が床を転がる音が下階の方に迷惑をかける場合がありますので、できれば、ハンガードアと呼ばれる扉を上部で吊ってあるタイプのものにするとよいでしょう。

Q6　キッチン・トイレの移設

キッチンやトイレなどの水回りの位置を変更する場合の注意点はありますか。

水回りの移設では、排水管の勾配、他住戸への排水音、電気容量、防火性など、念入りに検討する必要があります。

解説 (1) キッチン

キッチンのリフォームは他の水回りと比べて、次のような注意点があります。

① 油分を含んだ排水は詰まりやすいため、十分な勾配を確保する（キッチンの単独排水などで使われる直径5cmの管の場合、長さ50cmごとに高さ1cm以上の勾配が必要となり、キッチンの位置を変える場合などは床下高さが足りるかどうか確認が必要です）。
② ガスコンロ回りの内装や下地は燃えにくい材料にする（本章Q4参照）。
③ 外壁にある換気フードが、火災時の安全対策を義務づけた規制範囲（延焼のおそれのある部分）にある場合、換気扇ダクトにダンパーを設置する。
④ IHコンロの場合、マンション全体の電気容量が不足しないか確認する。

(2) トイレ

トイレの移設の場合もキッチン同様に排水勾配に気をつけてください。また、ロータンク式をフラッシュバルブ式に替えることは、マンション全体の水圧低下を招きますので、基本的にはできないものと考えてよいでしょう。

トイレは比較的排水音が大きいため、トイレの位置を変える場合は、下階

[写真] 床下の排水管

の寝室位置などを把握しながら十分に気をつけ、必要に応じて管の周りに防音材を設置するなどの工夫も検討してください。

Q7 浴室のリフォーム

> お風呂が古くなったので、ユニットバスに取り替えようと思いますが、注意点はありますか。

ユニットバスは製品の大きさが決まっていますので、事前の綿密な調査が必要です。ユニットバスの排水口から既存の排水口の位置までの経路・接続方法も十分な検討が必要です。

解説

(1) 寸法の確認

ユニットバスは既製品であることから、寸法が決まっています。一部加工することが可能な場合がありますが、かなりコストアップになります。したがって、きちんと収まる寸法の製品を浴室に入れてもらう必要があるので、収まり図面（製品だけではなく、建物の軀体（コンクリート等）部分が記載されている）を描いてもらい、問題ないことを確かめるのがよいでしょう。その図面には、高さも確認するため、平面図だけではなく浴室を縦に切ってみたときの断面図も必要です。

ひどいリフォーム例では、ユニットバスが梁にあたるため、梁が削られた例があります。

[写真] 浴室リフォームで削られた梁

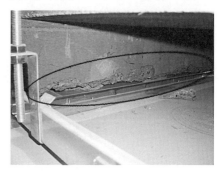

(2) 排水管の接続

既存の浴室が在来型（建物に防

水を施して浴室をつくっているもの）の場合、排水管の接続が重要になります。万が一漏水事故が発生した際にはユニットバスをすべて解体しないと補修はできないことから、確実な施工が必要になります。

注意点としては、既存の排水口に新規の排水管をしっかりと取り付け、つなげる排水管も水の流れる勾配をきちんととることです。

ひどいリフォーム例では、ユニットバスの排水を直接既存排水口につなげずに、旧浴室の洗い場に垂れ流すようにした工事がありました。洗い場の防水に不具合が発生すれば漏水を引き起こしますし、排水口も旧洗い場床も清掃できませんので、詰まりやすく非常に不衛生となります。

Q8　電気容量のアップ

Q よくブレーカーが落ちてしまうので電気容量を上げたいのですが、電力会社に申請すればよいのでしょうか。

A 新築マンションなら60A程度まで上げてもまず問題はありません。しかし、古いマンションですと、建物全体の供給電力量があまり多くないため上げられない場合があります。まずは管理組合・管理会社に問い合わせましょう。

解説　マンション全体で使える電力量には上限があります。この上限が低い場合、多くの住戸で契約電力を上げてしまうと、上限を超えるおそれがあります。そのため、「早い者勝ち」になってしまう場合があり、公正を期すために各戸の最大契約電力を決めているマンションもあります。どうしても足りない場合、マンション全体の電気設備を更新する必要がありますが、幹線ケーブルなどの引き替えも発生することから莫大な費用がかかり、また、幹線が露出して見栄えが悪くなる場合も多く、実現できるマンシ

ョンが少ないのが現実です。

［写真］　改修工事で露出した幹線ケーブル

　管理組合の中には、建物全体の上限から1戸あたりの上限を算出し、それを超える契約申請は受け付けないように電力会社に依頼をしているところもあります。管理組合としては、契約電力を個人が上げることの実態が確認できるよう、区分所有者が契約電力を上げる際には、管理組合に対して申請してもらうことも得策です。

Q9　エアコンの取り付け工事

> **Q** エアコンを取り付けたいのですが、室内機と室外機をつなげる配管を通す箇所がありません。どうすればよいのでしょうか。

A　①他の部屋を経由して配管を通せないかを検討する、②外壁に配管用の穴をあける、③窓を利用して通す部分をつくる、の3通りが考えられます。①以外は共用部分に支障が生じる可能性があるので注意が必要です。

解説　上記①の場合、共用部分への支障は発生しませんが屋内に配管が露出しますし、通常より長い配管が必要になるため工事費が高くなり、避けられる傾向があるようです。

　②の場合、外壁に穴をあける（「コア抜き」といいます）ことになるため理事長の承認が必要となる場合があり（本章Q1参照）、認められない場合もあります。たとえ認められる場合でも、穴をあける前に超音波測定などを行い、

Q9　エアコンの取り付け工事

穴は鉄筋を切断しない位置に設ける必要があります。

③の場合、さらに2通りの方法が考えられます。1つは、サッシュを少し開けて配管を固定し周囲の隙間を板材で塞ぐ方法、もう1つはサッシュを新たにつくり替えて配管が通る箇所をつくる方法です。前者の場合、窓は閉まらなくなります。防犯上の問題は鍵の工夫で何とかなりますが、隙間を完全になくすことができないため、雨・風・埃・騒音が入って来ますし、防火上も問題があるため勧められません。後者はお勧めできますが、共用部分であるサッシュの取替えとなるため、管理組合の承認が必要ですし、かなり高額になります。

管理組合としては、②の場合は鉄筋の位置を測定した結果の写真提出を求めて安全を確認する、③のサッシュをつくり替える場合は防火上・法律上の問題がないかの確認が必要です。なお、共用部分に勝手に穴をあけることはできません。共用部分の損壊については、第4章Q7を参照してください。

[写真1]　コア抜き①

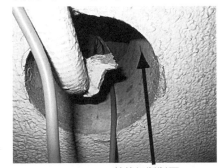

鉄筋切断断面

[写真2]　コア抜き②

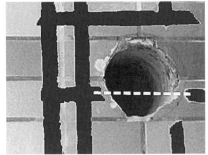

塗りつぶしている部分が超音波探査でわかった鉄筋位置（点線部で切断あり）

[写真3]　窓を利用した配管

窓が閉まらないため、テープで隙間を埋めている

第2章 マンションリフォームの基礎知識

Q10　テレビ配線工事

　自分の住戸では何もしていないのにテレビの映り具合が悪くなりました。原因としては何が考えられますか。

他の住戸の内装工事が原因である場合があります。テレビの配線はメーターなどを設ける必要がないため、複数の住戸間でつながって配線されている場合があります（渡り配線といいます）。この場合だと、電波が流れてくる上流側で配線工事を行うと、下流側の住戸に影響が出ます。上流側の住戸で工事がなかったかを管理組合に確認してもらいましょう。

解説　〈図1〉のように配線が各戸でつながっている場合、メインの配線から各戸内に分岐するのによく使用されるのが「分岐器」と呼ばれる機器です。この機器の特徴は分岐後の電波はあまり減衰せずに（弱くならずに）先へと流れます。

メインの配線が各戸でつながっている「渡り配線」の場合、万が一途中で配線を切断するとその先の住戸ではテレビが見えなくなります（〈図2〉）。配線を切らないまでも分岐器をはずしてしまえば同じことが生じます。

分岐器は独立したものもありますが、テレ

〈図1〉　TV配線①

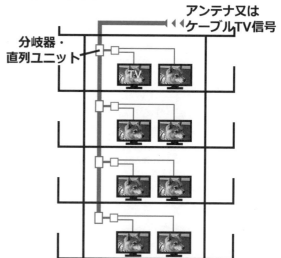

28

〈図2〉 TV 配線② 　　　〈図3〉 TV 配線③

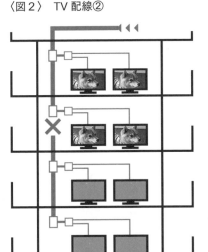
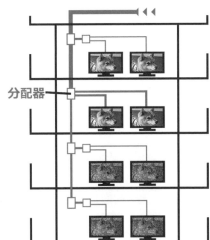

　ビジャックそのものが分岐器となっている「直列ユニット」というものの場合があり、内装工事の際にはずしてしまう危険があります。

　また、分岐器と似た機器に「分配器」がありますが、これは電波を同じ強さずつに分配してしまうため、その先の電波は弱くなってしまいます。内装工事の際に直列ユニットを分配機に交換している事例もあり（〈図3〉）、注意が必要です。

　管理組合としては、マンション内のテレビ配線の経路を把握しておき、渡り配線になっている場合は、リフォーム申請があった際に注意を促す必要があります。

Q11　リフォーム費用

 リフォームの費用はどのくらいを考えておくとよいのでしょうか。

A 工事の費用は、工事内容によって大きく変わります。模様替え程度か、間取りを変更するか、設備更新を含むかなどが費用の目安を立てるポイントになります。

解説 模様替えとは、壁や天井のクロスや床のフローリングなど仕上げ材の改修程度を指します。工事の種類も少ないため、工事範囲や使用材料にもよりますが、工事費の目安は数十万円程度と考えられます。

間取りの変更とは、2つの部屋を1部屋にしたり1つの部屋を2つの部屋に分けたりすることで、間仕切りの壁や扉、家具などの作り替えも必要になります。工事の種類も増えるため、工事費は数百万円程度になる場合があります。

設備更新とは、システムキッチンやユニットバスといった住設機器の入れ替えです。住設機器は性能により金額の幅がありますが、キッチンや浴室はそれぞれ100万円程度、トイレや洗面化粧台などは数十万円程度を見込んでおきたいところです。

設備更新とあわせて間取りの変更を行う場合もあります。これらを踏まえると、工事費が500万円を超えるリフォームも少なくないため、建設業の許可をとらずに営業しているリフォーム業者では希望する内容の工事ができない場合があります。

また、リフォームの予算を立てる場合は、工事費のほかに、設計費や仮住まい費用、家具の購入費なども見込んでおくことが必要です。

Q12 補助制度

マンション改修に関する補助金にはどのようなものがありますか。

補助金には、共用部分の改修について管理組合が受けられるものと専有部分の改修について区分所有者が受けられるものがあります。また、管理組合や区分所有者への資金的支援には、補助金以外に融資、固定資産税や都市計画税の減税などもあります。

 補助金等の目的はさまざまであり、窓口もバラバラであるため、利用する区分所有者や管理組合にとっては不親切な状況です。

マンション改修に関する補助金等には、防災（耐震診断、耐震改修等）、安全（防犯カメラ設置等）、省エネ（窓の断熱化、外壁、屋根・天井または床の断熱改修、太陽熱利用システム、節水型トイレ、高断熱浴槽、高効率給湯機、節湯水栓の設置等）、バリアフリー化（介護保険による手すり設置等）などがあります。これらに関連する改修を行う場合は、行政による補助金等の存在を調べてみましょう。検索にはインターネットが便利で、マンション改修に関する補助金等をまとめているサイトもあります。また、行政によっては住宅に関する支援策をまとめたガイドブックを作成している場合もあります。

補助金には、助成が受けられる条件、助成の内容、必要な手続が定められています。補助金の内容は年度ごとに変わったり、着手前の申請が必要な場合も多いため、事前に窓口に相談し、補助金活用の可能性やスケジュールなどを確認してください。手続に専門的な書類作成が必要な場合、設計者やリフォーム業者が申請を代行することもありますが、補助金を口実にした押し売りには注意してください。

また、補助金の支給方法は助成を受ける者がいったんすべての支払いを行った後に支給されることが多いため、資金繰りについても注意が必要です。

第3章
失敗しないリフォームのためのチェックポイント

Q1　リフォーム業者の選び方

Q リフォームを依頼する施工業者はどのように選べばよいのでしょうか。

A マンションリフォームの分野には、さまざまな施工業者が存在しており、中には工事規模を500万円以下に特化することで建設業の許可を得ずに営業している施工業者もあります。リフォームの基本的な作業を適切に実行できる施工業者を選んでください。

解説　リフォームを依頼するためには、設計図書の作成、これに基づく見積書の作成、工事請負契約書の締結という流れが必要です。

設計図書の作成は、建築士（設計事務所）に依頼することもできますし、リフォーム業者の中には、設計と工事をあわせてまとめて請け負うところもあります。設計・監理を設計事務所に依頼することのメリットについては、本章Q2を参照してください。

設計図書は事前に工事内容を確認するために大切な書類であり、これがないと工事中にトラブルが発生した場合の責任が不明確になってしまいます。設計と工事をあわせて依頼する場合でも、設計図書を作成しなかったり、いい加減な図面しか出さないリフォーム業者への依頼は控えるべきです。

見積書はリフォーム業者が作成する書類です。これにより工事内容と金額が確認できますが、一式計上が多い見積書だと、リフォーム業者が工事内容を十分に理解していないおそれがあります。工事中に変更が生じた場合の精

算でもトラブルが生じることもあります。見積書のサンプルを見せてもらうことでリフォーム業者の実力を確かめることができます。

リフォーム業者によっては、工事請負契約書を締結せず、いきなり工事を始めることがあります。契約書はトラブルが生じた場合の重要な書類であり、これを軽んじるリフォーム業者に工事は依頼できません。

このほか、マンションでの工事経験は重要なポイントです。工事そのものの技術に加え、管理組合への手続や隣接住戸への配慮、専有部分と共用部分の認識もリフォーム業者に求めたい能力です。

建設業法の許可を受けずともできる工事はありますが、許可を取得しているということ自体業態が整っているということになりますので、未取得業者よりは安心といえます。

また、万が一を考え、瑕疵保険を掛けることが可能です。この保険は施工業者が掛ける保険ですので、この保険を掛けてもらうことを契約の内容に含めておく必要があります。

Q2　建築士（設計事務所）への依頼

リフォームの設計と監理をリフォーム業者ではなく建築士（設計事務所）に依頼するメリットを教えてください。

建築士（設計事務所）に依頼することで、一般的にはレベルの高いリフォームになると思います。依頼者の要望を聞き、予算やマンションの構造、法令の制限などの条件のもとで、一番よいメニューを示してくれる専門家が建築士だからです。また、工事の品質が確保できます。

(1) 資格・登録がなくても工事は可能

工事費が1500万円以上で建築一式工事の場合には、工事を行う

には建設業法の登録が必要です。確認申請を必要とするようなリフォームの場合は建築士の資格が必要となる場合があります。しかし、マンションのリフォームの場合は、そこまで大がかりな工事は少ないでしょう。つまり、全くの素人でも設計も施工も可能ということになります。名の知れたショッピングセンターで営業しているリフォーム業者であっても、十分な専門知識を有していない場合があることを知っておく必要があります。

実際にあった事例ですが、過去に2000戸の中古物件の設計を行ったと豪語する不動産会社が行ったリフォームでは、台所の位置を下階寝室直上に移動したことによる下階からの騒音苦情や、排水管の延長による排水能力不足を引き起こしました。専門の建築士であれば行わなかった設計でしょう。

専門知識のある建築士が入れば、このような建物の上下階の問題や、排水管の勾配の知識などは間違いがないと思います。総合的にみるのも建築士の役割です。

(2) 監理業務

また、建築士の業務の中には「工事監理」という業務があります。これは設計図書どおりに施工が行われているかを検査し、不具合があれば是正を指摘し、施主に対して報告を行う業務です。どのような設計をしようとも、工事がそのとおりに行われなければ問題になります。そうならないために必要なのがこの「工事監理」であり、実は大変重要な業務です。工事監理においては施工業者に厳しく接する必要があるため、リフォーム業者とつながりのない第三者に工事監理をしてもらうことが必要であり、すべてをリフォーム業者に一任することは危険です。設計から工事監理までを建築士に依頼することにより、不安のない、希望に添ったリフォームが可能になります。

(3) 第三者の専門家への依頼

なお、不動産会社やリフォーム業者の設計部門には建築士がいる場合も多いですが、基本的には設計するというより売る部門に属しています。建築士や建築施工管理技士というのは単なる資格名であって本人の技量を表してい

新刊のご案内

―― 2015年11月 ――
（2015年5月～2015年12月刊行分）

民事法研究会

http://www.minjiho.com/
【最新の図書目録はホームページ上でダウンロードできます】

話題の新刊・近刊

12月刊「子の引渡執行」や最新の情報、法令・実務を収録して大幅改訂増補！

執行官実務の手引〔第2版〕書式例収録CD-ROM付

A5判・788頁・定価 本体7200円＋税
執行官実務研究会 編
編集代表 菊永充彦

12月刊 事故後の対応、防止の体制づくり等、安全・安心確保のための具体策！

製品事故・不祥事対応の企業法務

A5判・352頁・定価 本体3600円＋税　　　　山崎良太 編著

11月刊 災対法・復興法・国土強靱化関連三法の要点を論点別に解説！

早わかり！大災害対策・復興をめぐる法と政策

A5判・約510頁・定価 本体7200円＋税　　　　坂和章平 著

11月刊 対談形式で消費者事件や消費者法の制定の経緯等を語る！

消費者事件 歴史の証言 ―消費者主権へのあゆみ―

A5判・186頁・定価 本体1500円＋税　話し手 及川昭伍　聞き手 田口義明

11月刊 具体的な審査請求書を基に事件類型ごとの手続と留意点を解説！

改正行政不服審査法と不服申立実務

A5判・304頁・定価 本体3200円＋税　日本弁護士連合会行政訴訟センター 編

11月刊 平成27年改正派遣法までの法令と2000件を超える判例等を収録！

労働法実務大系

A5判・970頁・定価 本体9200円＋税　　　　岩出誠 著

11月刊 金融実務の最新状況や時代環境の変化に対応させ大幅改訂！

ケースブック根抵当権登記の実務〔第2版〕

A5判・445頁・定価 本体3700円+税　根抵当権登記実務研究会 編
編集代表 林 勝博

10月刊 マンション管理の法的ポイントを中心にQ&A方式でわかりやすく解説！

Q&Aマンション法実務ハンドブック

A5判・403頁・定価 本体3400円+税　全国マンション問題研究会 編

10月刊 平成27年改正法に対応し、全面改訂！ 実務での変更点がわかる！

詳解個人情報保護法と企業法務〔第6版〕

A5判・349頁・定価 本体3500円+税　菅原 貴与志 著

9月刊 リスク管理を法務・コンプライアンス双方の視点から複合的に分析・解説！

法務リスク・コンプライアンスリスク管理実務マニュアル

A5判・764頁・定価 本体6400円+税　阿部・井窪・片山法律事務所 編

9月刊 契約交渉の実際から契約書の作成・締結・運用に至るノウハウを開示！

共同研究・開発の契約と実務〔第3版〕

A5判・337頁・定価 本体4000円+税　中島 憲三 著

9月刊 デリバティブ取引や仕組商品について大幅に加筆した最新版！

金融商品取引被害救済の手引〔六訂版〕

A5判・717頁・定価 本体6800円+税　日弁連消費者問題対策委員会 編

9月刊 後見人等の権限や職務の範囲、財産管理の方法等を解説！

Q&A成年後見実務全書〔第2巻〕—法定後見Ⅲ—

A5判・569頁・定価 本体5200円+税　編集代表 赤沼康弘・池田惠利子・松井秀樹

8月刊 臨床現場におけるインフォームド・コンセントのあり方と新たな展開を提示！

裁判例から学ぶインフォームド・コンセント —患者と医療者をつなぐために—

A5判・376頁・定価 本体4000円+税　福﨑 博孝・増﨑 英明 著

るのではなく、資格があってもリフォームの専門知識を有しているとは限りません。ここで述べる建築士とはマンションについてハード面もソフト面も熟知している第三者の専門家を示しています。

　施工会社ではない設計事務所に依頼しようとした場合、探す手段は「紹介」か「インターネット検索」、「リフォーム雑誌の記事・広告」になると思われます。選ぶ際にはどれだけの経験があるのか確認してください。新築しか行っていない事務所は避けるのが無難です。なお、マンション維持管理支援・専門家ネットワークでもご相談を受けています。

　一般的な手続・作業の流れは、「①施主より依頼・簡単なヒアリング→②現地調査・施主希望調査→③プランニング・複数回の打合せ・基本設計→④実施設計」となります。これらは、基本的には契約を行ってから作業を始めてもらうのが理想です。ただし、打合せの中でこの設計事務所では進めるのが難しいと判断したときのため、契約書に作業の途中で取りやめにする場合の規定をしっかりと記載しておく必要があります。また、上記①・②あたりまでは未契約でも作業を進めることがあります。その場合は、どこまでがサービスで、どこからが有償になるのかを遠慮なく確認して、覚書をつくって両者で控えておきましょう。施工部門主体のリフォーム業者は③程度まで未契約で進む場合もありますが、その後、取りやめた場合にトラブルになるため、この覚書が重要になってきます。

　リフォーム業者と設計事務所を比較した場合、前者は工事費で利益を得るため、設計料は無償であったり、工事費の中に含むものとすることがありますが、設計事務所は「設計」「監理」を専門に行うため、一般的には工事費以外にこの費用がかかることを念頭においておく必要があります。契約時に一部費用を支払うことが必要な場合もあります。

Q3 設計段階でのチェックポイント

> **Q** リフォーム業者と設計の打合せをする際の注意点を教えてください。

A 器具の単純な取替えなどを除いて、リフォーム工事を行うには、設計が不可欠となります。この設計段階の打合せが十分にできているかによって、リフォームが成功するか失敗するかが決まるといっても過言ではありません。

解説 工事請負契約締結前の設計段階の打合せの注意点は以下のとおりです。

(1) 要望はすべて伝える

要望がある場合、最初からわかっていればできることが、後からだと難しいことがあります。すべてを最初から出すのは難しいとしても、できるだけ希望は早めに出しておくことが望まれます。

(2) リフォームを行うのに現地調査は不可欠

現地調査なしではどのようなリフォームもできません。選んだリフォーム業者が適切に調査を行っているかを確かめましょう。必ず測量をしているはずなので、その結果を「現況図」として提出してもらうことを要求しておきましょう。測量もしないで決めようとする業者への依頼は避けましょう。

(3) 議事録の作成が重要ポイント

後に問題となる場合、大抵が言った言わないの論争になります。必ず議事録を作ってもらい、その議事録を確認し、お互いでその議事録を持ち合うことが必要です。議事録を作らないようなリフォーム業者への依頼は控えたほうが無難です。

(4) 材料の選定は見本を見せてもらう

カタログの写真だけでは質感はわかりません。必ず見本を用意してもらい、渡してもらいましょう。

(5) アフターサービス、保証内容を確認

アフターサービスの保証期間やその内容は、確認のために書類で提出してもらいましょう。契約書に記載する形でもかまいません。

(6) 用語の説明

建築には専門用語が多いので、わからない言葉が出てきたときは必ず確認しましょう。後述する図面の表記も意味不明な部分については説明を求め、必ず不明点が解消するまで説明してもらいましょう。遠慮は禁物です。

Q4 設計図書のチェックポイント

Q 間取り変更のリフォームを計画しており、リフォーム業者と打合せをしています。図面は何枚かもらいましたが、はたして、自分の希望が反映されているのかよくわかりません。どのように確認すればよいのでしょうか。

A 間取りの変更などを伴う場合は、設計図が必須です。器具の交換のみであっても、新しい器具がどのように収まるのかを確認する必要があるため、現況図に器具を落とし込んでもらって、隙間やその他障害がないかどうかを確認する必要があります。

解説 設計図書とは、建築工事の実施のために必要な図面（現寸図その他これらに類するものを除く）および仕様書をいい（建築基準法2条1項12号、建築士法2条6項）、また、仕様書とは、建物の規模、構造、材料、設備、工事範囲、その他特記事項等の記載された図面や書類をいいま

第3章　失敗しないリフォームのためのチェックポイント

す。

　図面の提出をリフォーム業者に要望したとき出てくる図面が、必要としている図面ではないことがよくあります。〈図1〉の図面は「器具図」と呼ばれるもので取付高さなどの表記はされていますが、周りの状況が何も記載されていないため、これだけで判断することはできません。収まりを判断するには、「平面図」「展開図」を要求しましょう。特に器具の交換だけではなく間取りまで変更するとなるとさらに図面の重要性は高まります。

　以下に必要な図面の例を列挙します。

　① 　仕上表（〈図2〉）　　改修する箇所の仕上げが記載されています。表面仕上げだけではなく下地も記載が必要です（例：「石膏ボード　厚12.5㎜、クロス仕上」等）。また、材料の品番が書いてある場合もあります。

　② 　平面図（〈図3〉）　　壁の位置（寸法入り）、器具の配置、建具の大きさ（幅）などの記載があり、一番重要な図面です。

　③ 　天井伏図（〈図4〉）　　平面図をもとに描かれるもので、見上げた状

〈図1〉　器具図

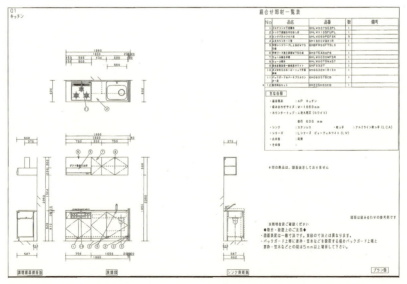

Q4 設計図書のチェックポイント

〈図2〉 仕上表

〈図3〉 平面図

第3章 失敗しないリフォームのためのチェックポイント

態がわかる図面です。梁の位置等が記載されている必要があります。できれば照明器具の位置の記載があると検討しやすくなります。

④ 展開図（〈図5〉）　部屋内の立面図です。見た目がどうなるかがわかる図面で、素人でも一番わかりやすい図面です。

⑤ 電気図（〈図6〉）　平面図をもとに、分電盤、照明、スイッチ、コンセント、TV・電話端子等の位置が記載される図面です。どのスイッチでどの照明が点灯するかも確認ができます。

〈図4〉　天井伏図

〈図5〉　展開図

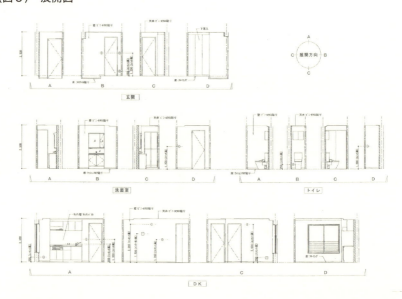

Q4 設計図書のチェックポイント

〈図6〉 電気図

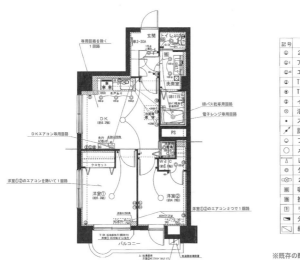

※既存の配線は分電盤からはずし処理
（全配線新規配線）

　以上に説明した図面以外にも、給排水衛生設備図や空調換気設備なども必要になる場合があります。図面は工事内容によって要・不要はありますが、図面は工事を行うために必要なだけではなく、施主が工事内容をわかるようにするという目的もあります。

　リフォーム業者の中には、こういった図面を作ることもできない業者も存在します。必要な図面が提出されるまでは工事契約を行わない決断が必要です。

　工事契約までにこれらを準備し、契約書に添付することでかなりの紛争の発生が抑えられます。また、工事開始後に変更が必要になる場合もありますが、この場合も必ず図面を訂正してもらい、記録を残しましょう。

Q5　見積書のチェックポイント

工事の見積書の見方を教えてください。

見積書で大切なのは内訳書です。これがあればリフォーム業者が工事内容をどの程度理解しているかがわかりますし、第三者が妥当性を検証することもできます。

解説　工事の見積書は、初めて見る方には難しく感じると思いますが、見方を覚えるとある程度の内容がチェックできます。参考に、あるマンションリフォームの見積内訳書の一部（内装工事部分）をご紹介します（〈図〉参照）。

　見積書は、内装工事や家具工事など具体的な工事費の合計と工事の実施に必要な解体などの費用、リフォーム業者の諸経費で構成されます。各工事について「名称」「摘要（仕様）」「数量」「単位」「単価」「金額」「備考」で構成される見積内訳書が添付されます。

① 「名称」と「摘要（仕様）」を見ることで工事の概要や使用する材料などが把握できます。
② 「数量」と「単位」を見ることで、工事の範囲が把握できます。
③ 「単価」は工事費の妥当性の判断材料になります。
④ 「数量」×「単価」が工事金額となります。

　数量と単価の記載がなく工事金額のみが記載されているものを一式見積りといい、工事内容が不明確であるため注意が必要です。要求しても、一式見積り程度の簡単な見積書しか出さないリフォーム業者への依頼は控えたほうが無難です。

　〈図〉の見積内訳書では、床は長尺シート貼りとコルクタイル貼り（一部は床暖房仕様）、壁と天井はビニールクロス貼りにすることとなっています。

Q5 見積書のチェックポイント

〈図〉 見積内訳書例

	名　称	摘　要	数量	単位	単価	金　額	備　考
10	内装工事						
床	CFシート貼り	○○　普及品	10.5	㎡	3,300	34,650	
	コルクタイル貼り　一般仕様	○○コルク　○○○　○　強化ウレタン	24.1	㎡	7,500	180,750	
	コルクタイル貼り　床暖房仕様	○○コルク　○○○　○　強化ウレタン	37.9	㎡	8,000	303200	
壁	ビニールクロス貼り	量産品程度	170,9	㎡	1,200	205,080	
天井	ビニールクロス貼り	量産品程度	74.4	㎡	1,200	89,280	
	○○プリーツスクリーン	○○セレクション程度					
	台所	H1600×W1600	1.0	台		34,000	
	食堂	H1700×W1650	2.0	台	35,700	71,400	
	居間	H1300×W2300	1.0	台		37,400	
	10－計					955,760	

失敗しないリフォームのためのチェックポイント

床材料の面積を見ることで、工事の範囲が正しく見込まれているかを判断することができます。単価は、材料（製品）代と工賃を別に計上している場合と材料（製品）代と工賃を合わせた金額（材工共）の場合があります。〈図〉では工賃についての項目がないため、材工共の金額と考えられます。

　見積内訳書を確認することは、工事金額についての交渉材料となるだけでなく、工事内容の確認にもつながります。わからない点はリフォーム業者に率直に質問し、納得できるまで説明を受けましょう。

　なお、複数の会社から見積りをとることにより安くできる会社を選ぶ場合、工事の内容（工事範囲や使用材料）など見積もる内容を全く同じにしないと意味がないため、その統一仕様（設計）作成のため、先に設計業務を行っておく必要があります。

　設計のみの業務は、リフォーム業者（設計も施工もできるリフォーム専門会社）でも可能な場合があると思いますが、公平な競争見積りを行うためには、設計業務は工事部門を持たない設計事務所に依頼することをお勧めします。工事が始まってからも安心です。

Q6　契約書・約款のチェックポイント

マンションのリフォームを考えています。リフォーム業者と契約する場合、どのようなことに気をつければよいのでしょうか。

あいまいな点を残したまま工事に入ることのないように、適切な書面を取り交わすことが重要です。

　その中に、実施する工事の具体的な内容、工事の期間（着工時期や完工見込時期）、工事内容に応じた費用やその支払時期・金額について取り決めておきます。さらに、工事に不具合があった際のリフォーム業者が負う瑕疵担保責任を明確にすることが必要です。加えて、アフターサービスについても

決めておくとよいでしょう。

解説

(1) 書面による契約の必要性

リフォーム工事は民法上の請負契約に該当します。請負契約は、法的には両当事者（注文者と請負人）の意思の合致により成立する契約（諾成契約といいます）です。つまり、口頭による合意（口約束）でも契約は成立します。しかし、請負業者との間で決めるべき内容は、後記のとおり多岐にわたるものですし、また、問題が発生した際に「言った、言わない」の争いになりかねないことからも、契約はきちんと書面という形にするべきです。

また、リフォーム業者と契約する（契約書にサイン・捺印する）際には、その内容についてきちんと理解してからにしましょう。不本意な内容で契約書を作ってしまうと、後で紛争となった際に、「本当はこういうことだった」とか「実は納得していなかった」などと主張しようとしても、なかなか困難な事態に直面しかねません。少しでもわからない点がある場合には、あいまいなままにすることなく、業者に対して質問し、必ず納得できるようにすることが大切です。そういった場面できちんとした説明をしないような業者については、工事を任せるに際してそもそも信頼できないと評価すべきです。

(2) 契約書で明確にすべきこと

契約書で明確にすべきこととして、①工事内容、②請負代金額、③着手時期および完工予定時期、④代金支払時期やその詳細、⑤瑕疵担保責任条項などがあげられます。

(A) 工事内容

工事内容についてあいまいな定め方をしないことが大切です。たとえば、「キッチンリフォーム工事　一式」といった契約内容では、具体的にどのような内容の工事がなされるのかがわかりません。このような内容では、工事終了後に施主とリフォーム業者との間で実施すべきであった工事内容につき争いが生じる原因ともなります。

定め方についての工夫の一方法としては、工事箇所ごとに使用する製品のメーカーや製品番号を列挙したり、製品の仕様書や工事見積書、必要に応じて設計図等を添付したりするなど、可能な限り特定することです。

(B) 請負代金、支払時期

請負代金は、実施する工事の内容ごとに費目別に見積りを出してもらい、そのうえで金額を決定しましょう。たとえば、「キッチンリフォーム工事一式」に対して全体の代金額しか定められていないと、実際の工事がどのように行われるのか、詳細な作業に対してどのように対価が定められたのかがわからない状態になってしまいます。

また、代金の一部について前払いしたり、工事途中の支払時期を定めたりする場合には、その支払時期および方法について明確にしましょう。また、工事途中に支払う場合には、出来高部分に対応した支払いになるよう、工事予定との対応関係に注意しましょう。

工事終了後に請負代金を支払う場合には、その時期や支払方法について定めます。

(C) 着工時期および工事完了見込時期

リフォーム工事に際しては、その期間中、仮住まいの手当てが必要になるケースが多いでしょう。工事が長引いたりした場合には、予想外の支出を強いられることにもなりかねません。その点から、工事がいつから始まるのか、またどのくらいかかるのかについて明確にしておくことが必要です。

(D) 瑕疵担保責任条項

工事終了後に工事の瑕疵が判明することがあります。そのような場合に備えて、リフォーム業者が負う瑕疵担保責任について明確にしましょう。責任を負う期間やその内容について定めます。

また、このような瑕疵担保責任について両当事者の合意により免除する特約も法的には有効です。しかし、施主にとって一方的に不利な内容ともいえますので、そのような合意をすることについては慎重にすべきです。リフォ

ーム業者が提示した契約書式にあらかじめこのような条項が定められていることもありますので、契約締結時には注意しましょう。

(3) その他

リフォーム業者に責任があるとはいえない場合にも、工事終了後にアフターサービスを受けることができるように定める場合もあります。業者との交渉次第という側面はありますが、このような定めがあれば便利です。

Q7 工事中のチェックポイント

> **Q** 内部の壁（石膏ボード）を剥がしてリフォーム工事をし始めたところ、コンクリートの部分に穴があいていることがわかりました。このままでもよいのでしょうか。

A その穴が問題のあるものかどうか、判断する必要があります。まずは管理組合理事会に報告したうえで回答をもらいましょう。コンクリートの梁部分に穴があいていても、元々利用する計画だったが不必要になったという場合、そのまま残っている場合もあります。

解説

(1) 建物の構造上問題がある穴かどうかの確認

コンクリートに穴があいていたからといって、直ちに問題になるわけではありません。元から計画されていた穴が単に使用されなくなった場合もありますし、穴があいていても強度上問題のない場合もあります。

ちなみに、コンクリートが固まった後に穴が必要になり、「コア抜き」といって後から穴をあける場合もあります。この場合は内部の鉄筋を切断してしまう可能性もあるため慎重な工事が必要となりますが、そのような配慮がなされていない場合も数多く見受けられます。

ただし、これらの判断は、プロによって構造図と現地を確認して判断する

ことが必要です。管理会社の中にはその判断ができる人員を抱えている会社もありますが、期待できない場合は建築士などの専門家に依頼しましょう。

万が一問題のある穴だった場合、これをあけたのが誰なのかを調べる必要があります。新築時にあけられたものだった場合、売主の責任を問えるかを調べる必要がありますし、区分所有者（居住者）があけたものであれば、たとえ以前の区分所有者があけたものであっても、現時点の区分所有者が直す義務が生じる場合があります。

[写真]は、新築時に後からコア抜きされた部分（構造体の梁）です。縦横の印（斜線部分）は超音波探査器で内部鉄筋の位置を調べたものです。主筋という重要な鉄筋が切断されています。発覚後、売主により鉄筋をつなぐ工事が行われました。

(2) 工事中の立会いの必要性

リフォーム工事中に見つかった穴が、仮に構造上問題のある穴であったとしても、そのまま工事が進んでしまうと欠陥部分が壁などで覆われて表面上はわからなくなってしまいます。工事が完成してしまうと確認したくても壊さないとできない箇所もあります。そのようなことのないようにするために、リフォーム業者には、工事の進行にあわせてその都度、写真を撮って記録し、何か問題があれば、すぐに報告するように求めましょう。

元々存在していた建物の欠陥がリフォーム工事をきっかけに発覚する例も時々あります。

また、設計・工事請負契約で定められたとおりに工事が進んでいるかどうか、リフォーム業者が、工事箇所以外の部分を誤って傷つけたり、ごみ出しなどのルールを

[写真] コア抜きされた梁

守っているかどうかなどを確認するためにも、施主が工事中に立ち会うことは必要です。その際、工事の過程を写真に撮っておきましょう。差入れにジュースでも持参して、記念だからと言って和やかな雰囲気で撮れば気まずくはなりません。

ただし、契約どおり、設計図どおりに工事が進んでいるかどうかを、素人が判断することは難しい場合もあります。建築士に監理も依頼している場合は別として、工事中に欠陥の疑いが生じたときは、思い切って工事を中止させ、第三者の建築士に確認してもらうことも考えてください。

(3) 工事中の打合せ

工事中の変更は避けたいものですが、どうしても必要な場合でも、現場で職人さんと直接やりとりを行うことはやめましょう。リフォーム業者の担当者と打合せの機会を設け、実現可能かどうか協議を行います。その際、必ず打合せ記録を文書にして残す必要があります。また、工事費が変更となるのかの確認が実施前に必要で、変更となる場合は必ず見積りをもらってから実施に移るようにしましょう。こうすることで、後に言った言わないの論争を避けられます。

Q8　引渡し段階でのチェックポイント

Q 工事が終わったとリフォーム業者より伝えられました。しかし、出来栄えに納得いかない箇所が何カ所か残っています。確実に直してもらうにはどうすればよいのでしょうか。

A 工事の終了後、検査を行い、不具合部分は直してもらいます。直ったことを確認して初めて「引渡し」を受けます。不具合が直っていない場合は引渡しは受けないようにしましょう。

解説 工事が終わったことを「竣工」といいます。その後「竣工検査」（完了検査ともいいます）が行われ、不具合部分の補修が行われます。この不具合部分が直ったことを確認し、工事された部分がリフォーム業者から施主に「引渡し」されます。

(1) 引渡しを受けたかどうかが重要

法律上は、いったん引渡しを受けるとあとは瑕疵担保責任の問題となりますし、仮に工事に欠陥があってその補修にかかる工事日数が必要になっても、その分の遅延損害金を請求することができなくなってしまいます。また、工事費の支払いが引渡しを基準としている場合は、支払義務も発生してしまいます。よって、納得ができない場合は引渡しを受けないことが必要です。

なお、瑕疵担保責任の除斥期間は契約書に明記されていない限り、引渡しを受けた後1年が原則ですので、引渡し後に不具合が見つかった場合は時間をおかずに連絡しましょう。その際、その申入れがいつ行われたかがわかるよう、文書（メールでも可）で申入れされることをお勧めします。

(2) 竣工時の検査

本来は建築士などのプロでないと正確な検査はできませんが、素人でもわかるのは見た目や使い勝手の部分です。工場で作っているわけではないので、傷・汚れはどうしても存在します。その傷・汚れが許容できるものかどうかで判断してください。中には直そうとすると、より悪くなる場合もあります。なお、床の水平具合をビー玉を転がして確認する方法をとる方がいらっしゃいますが、誤差の範囲内でも転がりますので、適切ではありません。確認するには水平器などが必要ですので、目でわかる程度でない限り、素人では判断は難しいと思われます。そのほか、動かせる部分はすべて動かしてみて、動きの確認、異音の発生等を確認しましょう。

以下に素人でもわかる範囲のチェックポイントをあげておきます。

① 内装工事：傾斜、傷、汚れ、きしみ、シワ、目違い（クロスなどの模様ズレ）

② 建具、家具：開閉具合、ぐらつき、鍵、傷、汚れ、強度
③ 造作：手触り、傷、汚れ、強度
④ 水回り：作動状況、水量、配管接続、お湯の温度
⑤ 換気：作動状況、音、スイッチ
⑥ 照明：点灯状況、明るさ、スイッチ

また、不具合部分は図面に場所と内容を記載し、写真として残しておき、補修後の確認の際に使いましょう。

(3) 引渡し

引渡書類として、竣工図書を受け取りましょう。これには、竣工図書の提出を契約書上に記載しておく必要があります。

竣工図書には最低限以下の書類が必要です。

① 引渡書　　リフォーム業者から施主へ発行する「工事が終了して引き渡します」という内容の書類。施主名、リフォーム業者名、引渡日の記載が必要。
② 受書のコピー　　施主がリフォーム業者へ発行する「工事が終わったことを確認し引渡しを受けました」という内容の書類のコピー（原本はリフォーム業者が受け取る）。リフォーム業者名、施主名、引渡日の記載が必要。
③ 保証書　　工事全般の保証（アフターサービス）の内容が記載された書類。保証内容、保証期間、保証の起算日、リフォーム業者名、工事名の記載が必要。器具の交換・新設があった場合は器具ごとの保証書も必要。
④ 竣工図　　契約後に変更となった内容を網羅した図面・仕様書。
⑤ 追加変更工事精算書　　契約後に追加・変更となった工事について、工事費の増減がわかる見積書形式の内訳書。
⑥ 打合せ記録　　契約後に行われた打合せ記録書。
⑦ 検査記録　　工事中や竣工時に行われた検査の記録。

⑧　工事写真　　施工中の写真、検査写真など。

⑨　取扱説明書　　器具などの説明書。

⑩　使用材料カタログ　　使用された材料のカタログ（品番以外もわかるもの）。

⑪　アフター基準書　　どのようなアフターサービスがいつまであるのか。

⑫　連絡先　　不具合が生じた場合の連絡先・緊急連絡先。

第4章
マンションリフォームと管理組合

Q1　リフォーム工事と管理組合（理事会）の関与

> **Q** 管理組合は、専有部分のリフォームに際して、どのようにかかわるのでしょうか。

> **A** 専有部分のリフォームであっても、共用部分やマンション全体の維持・管理に影響を与えたり、他の住戸に影響を与える場合があるため、管理組合は、細則を定めるなどして、適切に管理することが必要です。

(1) リフォームに関する細則の役割

　巻末に参考資料として、マンション維持管理支援・専門家ネットワーク版「専有部分のリフォーム工事に関する細則」（以下、「当ネットワーク版細則」といいます）を掲載しています。この細則は、公益財団法人マンション管理センターの「専有部分の修繕等に関する細則」を参考に、現実的な運用を踏まえて作成したものです。このような細則が必要となるのは、リフォームを進めるにあたって問題を引き起こさないようにすることが目的であるだけでなく、将来発生する工事の際や不具合の発生時において、過去に専有部分でどのような工事が行われていたのかを把握する必要が生じるためです。

　よって、考え方によってはすべての工事を理事長の承認を要する工事とすることも考えられますが、理事長（理事会）の業務量が大幅に増えてしまうこと、区分所有者（施主）においても手続が煩雑になり時間を要することから、当ネットワーク版細則では「理事長への届出のみ」でできる工事と「理事長

の承認が必要」となる工事に分けて考えられています。

(2) 届出の場合

理事長は、施主から工事の1週間前に提出されていれば、届出手続書類を保管するのみです。

ただし、「届出」で足りると考えていたとしても細則上承認を必要とする工事である場合もあるため必ず確認してください。

(3) 要承認事項の場合

施主は、工事30日前までに、設計図、仕様書、工程表のほか、理事長が指示する書類を添付して、理事長に申請書を提出します。

施主は、理事長が専門家による確認・調査が必要と判断した場合、調査費用を管理組合に支払います。理事長は、専門家に確認・調査を依頼します。

その後、理事長は、施主に結果を通知します。

理事長は申請があった場合、その内容を確認することになりますが、専門家でないと承認の可否について判断することが難しい内容が多々存在します。そのような場合を想定して、確認や調査を依頼する専門家をあらかじめ選定しておき、委託費用も決めておくとよいでしょう。

Q2　承認の必要な工事

マンションのリフォームについて、すべて理事長の承認が必要ですか。

すべての工事に承認が必要なわけではありません。承認が必要な工事は、次のような場合に限定されます。

　マンション全体の構造や維持・管理・使用に影響を与える可能性のある工事や、マンションにおける共同生活の秩序や良好な生

活環境の維持など区分所有者の共同の利益にかかわる可能性のある工事については、管理組合（理事会）の承認が必要と考えられます。

たとえば、当ネットワーク版細則では、以下のような手続になります（同細則7条参照）。

① 他の住戸の生活に影響を及ぼすおそれのある次のような工事
　ⓐ 遮音性能の変更（床材、床下地材、壁材、壁下地材の変更）
　ⓑ エアコン室外機の設置方法変更など
② 設備に影響を及ぼすおそれのある以下のような工事
　ⓐ 設備機器（浴槽・浴室、流し台、便器、洗面台、洗濯機パン等）の変更
　ⓑ 共聴設備（TVコンセントなど）の変更
　ⓒ 契約電力の変更
③ 共用部分の変更を伴う工事
④ 共用部分の専用使用権（バルコニー等）にかかわる工事
⑤ 工事の実施そのものが他の区分所有者や占有者に影響を及ぼすおそれのある騒音、臭い、振動、ほこりが発生するような工事

Q3　申請から承認までにかかる時間

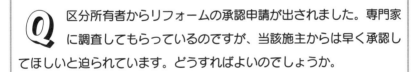

> **Q** 区分所有者からリフォームの承認申請が出されました。専門家に調査してもらっているのですが、当該施主からは早く承認してほしいと迫られています。どうすればよいのでしょうか。

A 施主が申請や承認なしにリフォームを行うトラブルが発生しています。承認手続に要する期間について管理組合員の合意のもと、判断に至るまでには一定の期間が必要な場合があることを細則でルール化しておく必要があります。

解説 　当ネットワーク版細則では、申請から承認までの期間を以下のように定めています。

① 　届出の場合　　工事を行う1週間前までに届け出る。
② 　要承認事項の場合　　工事を行う30日前までに申請する。理事長は書類の受理後20日以内に審査結果を申請者に通知する。

それぞれの管理組合によってこの日数は決めればよいと思いますが、届出のみであっても実際には届出だけでよいのかどうか、理事長による判断が必要ですし、万が一要承認事項となった場合には、申請者が進めているであろう工事を止める必要が出てきます。よって、1週間というのは最低の日数と思われます。また、要承認事項の場合、確認を外部に委託することを見据えると30日が最低の日数と考えられます。

この部分をよく組合員に説明したうえで、細則を決める必要があります。

また、細則で期間が設定されている場合でも、なるべく迅速に承認できるように運営することも必要です。

Q4　承認手続・審査と確認方法

Q 　リフォームの承認申請に対して、管理組合は、どこまでチェックする必要性や権限がありますか。建築士などの専門家への依頼は必要でしょうか。申請の不備に対して管理組合はどのように対応すればよいのでしょうか。

A 　リフォームの届出や承認申請については、マンション全体の構造や維持・管理・使用に影響を与える可能性がある場合、およびマンションの共同生活の秩序維持のために必要な範囲でチェックできると考えます。内容によっては、建築士など専門家へのチェックの依頼が必要になります。

申請のための書類が欠けているなど、申請の不備は手続的瑕疵となります。短期間のうちに是正できなければ申請を却下せざるを得ません。

解説

(1) 設計の審査

理事会としては、工事の内容に応じて必要な図面を提出してもらうようにしましょう。基本的な図面は平面図、断面図、設備図となりますが、建築基準法などの法令が関係する場合は、図面に法で定められた内容の表記や計算書を提出してもらうことが必要です。また、設備機器のカタログや配管方法、内装制限等が関係する場合は使用材料のカタログを提出してもらうことも必要です。

(2) 工事の確認

工事にあわせて逐次現場を確認するのは現実的ではありませんので、書類（写真や検査記録）確認と現場確認を併用して行うことが必要です。

内装の下地や配管など完成時に隠れてしまう箇所は写真による記録を提出してもらい、水漏れ事故などにつながる水回り配管については、漏水試験結果を提出してもらうことがよいかと思います。最後の現場検査では目視を基本に、建具の開閉などの動作確認も忘れずにしてください。

(3) 専門家の活用

工事は専門的な内容が多く、設計審査では、そもそもどういった法令がかかわるのか、何を見ればよいのかから判断しかねるかと思われます。また、工事の確認も必要な写真の指定、目視や動作確認での判断なども、素人では難しいと思われます。理事会としては建築士に依頼し、専門的見地からチェックしてもらうことが必要でしょう。

(4) 申請不備の場合の対応

申請が不備であり、是正が困難という場合には、承認申請自体を却下せざるを得ません。たとえば、申請提出が遅れ、工事日が迫っているからと泣きつかれても、一度既成事実ができてしまえば、この規則を遵守させることは

第4章　マンションリフォームと管理組合

困難になるため、毅然とした対応が必要です。このような対応は、管理規約や細則に対する区分所有者の信頼を獲得することにつながり、また、その形骸化を防止するためにも恣意的な運用は避けなければなりません。

Q5　無届工事・規約違反工事に対する管理組合の対応

> **Q** リフォーム細則では工事着工前に理事長の承認が必要とされているにもかかわらず、ある区分所有者が無断でリフォームをしようとしています。管理組合としては、どのように対処したらよいのでしょうか。

A 工事の差止めを求めることが考えられます。ただし、裁判所の手続によって差止めを求めることは現実的には難しいのではないかと考えられます。

解説　多くの管理組合において、リフォームをする場合には、事前に理事会の承認を得ることとしています。マンション標準管理規約でも、17条で事前に書面による承認を受けることとされています。

このような手続が定められている趣旨は、工事の内容が共用部分に影響を及ぼさないか、工事をすることにより騒音が生じて他の組合員に迷惑をかけることにならないかなどを確認することを目的としています。ですので、これに違反して、事前の承認なく工事がなされることとなれば、建物全体の管理について不適切な内容の工事がなされてしまうおそれがあり、そのような事態が起こることを防ぐという点にあります。

このような事態が生じた場合、理事会としては、必要な手続をとらずに工事をしているということで、管理規約違反の工事をしている区分所有者に対して、工事を差し止めるよう求めることが考えられます。

具体的には、管理規約上承認を得る必要があるにもかかわらず、これに違反していることを伝え、速やかに工事を中止し、必要な申請をするように内容証明郵便で通知するとよいでしょう。

なお、裁判所を通じて工事の差止めを求める場合、「工事禁止の仮処分」の申立てを行うことが考えられます。しかし、この申立てを認めてもらうためには、工事を差し止めないといけない必要性・緊急性を裁判所に説明しなければならず、届出なくリフォームがされているというだけでは、この要件を満たすと簡単にはいいにくいことから、あまり現実的ではないと思われますし、実際にこのような手続で工事が仮に差し止められた事例は見当たらないようです。

Q6　店舗のリフォームについての注意点

Q　店舗部分でリフォームが行われる場合、特に留意すべきことはどのようなことでしょうか。

A　無断（無届）でリフォームを行ってはいけないことを施主に伝えましょう。まず、リフォームを始める前にマンションの管理規約に則って手続を行う必要があります。この手続は、住居部分のリフォームと同様ですが、店舗の場合は、特に建築基準法や消防法上の規制に注意が必要です。

店舗リフォームの場合、特に注意したいのは、建築基準法や消防法上の規制の有無についての確認です。用途の変更や、間取り変更による窓や避難経路の確保などに支障が生じやすいからです（たとえば、窓を塞いでしまう、階段への通路を仕切りや荷物で塞いでしまう等）。店舗のリフォームは、規模によっては消防署の検査が義務づけられている点にも注意しましょう。これらは専門性の高い内容であるため、管理組合が建築士等に

よる確認を依頼することも有用です。

さらに店舗の場合は、施主とリフォームを行う店舗の責任者が異なることも多いため、責任の所在を明らかにして進めることが大切です。手続は、管理規約の内容を把握したうえで、施主が理事長に対して申請することが原則です。不動産業者を介した賃貸借契約の場合は、重要事項説明において、リフォームを行う場合の手続についての言及が必要です。

管理組合としては、管理規約・店舗リフォーム細則を整備し、店舗部分の区分所有者への周知を日頃から心掛けてください。

Q7　共用部分の損壊と管理組合の対応

> **Q** リフォームをする際に、共用部分である壁に穴をあけてしまった人がいる場合、管理組合はどのように対処することができるでしょうか。

A 原状回復を求めることができますので、当該区分所有者が任意で原状回復をしようとしない場合は、裁判手続をとって、穴を塞ぐように請求します。

解説　区分所有法において、壁などは共用部分とされています。共用部分は、区分所有者全員の共有に属するものとされており（区分所有法11条）、区分所有者は、共用部分をその「用方」に従って使用することができるとされています（同法13条）。

ですので、リフォームをする際に、共用部分である壁に穴をあけることは基本的にはできないことになります。

ただし、多くのマンションの管理規約においては、リフォームをする際には事前に理事会の承認を得ることとされており、共用部分である壁に穴をあ

ける工事についても、その承認を得ることで可能になることが一般的です（マンション標準管理規約17条4項参照。第2章Ｑ1参照）。

　それでは、区分所有者が、理事会に無断で共用部分である壁に穴をあけてしまった場合には、どうなるのでしょうか。

　この場合、理事会としては、区分所有者に対して、区分所有法57条に基づき穴を埋めて原状回復せよとの請求をすることができます。

　区分所有者から、穴が小さく、共用部分の強度には何ら影響を与えないことや、穴をあけてかなりの期間が経過していることなどを理由に、穴を埋めなくてもよいと争われることも少なくありませんが、そのような場合であっても、基本的には理事会は、穴を埋めるよう請求することができます。

　たとえば、東京地裁平成3年3月8日判決は、バルコニー上の壁に配管等を通すための穴（ガス湯沸かし器バランス釜を取り付けるための穴）をあけたところ、それを戻す工事をするよう命じています。区分所有者は、穴が小さいものであることなどを理由に、原状回復請求は権利の濫用にあたると主張しましたが、判決は「共有部分の変更は、区分所有者及び議決権の各4分の3以上の多数による集会の決議で決するものと定め」ており、「各区分所有者がたとえ建築の専門家であったとしても、それぞれ独自の判断により、悪影響を及ぼさないとの結論を下して、共有部分に変更を加えること自体、……有害となるおそれがある」として、穴を埋めるよう命じています。さらに、この判決では、無断で穴をあけたことにより管理組合が被った損害（弁護士費用）の賠償まで認めています。

　壁に穴をあけられていることを認識した理事会としては、区分所有者に対して、穴を埋めることを請求し、これに応じない場合には裁判手続によりこれを求めることができると考えられます。

Q8　シェアハウス

> **Q** 区分所有者が部屋をシェアハウスに改装しようとしています。管理規約には特にシェアハウスを禁止する規定はないのですが、理事会として何かできることはないのでしょうか。また、規定がある場合はどうでしょうか。

A 管理規約にシェアハウスを禁止する旨の規定がないとシェアハウスを禁止することは難しいと思われます。他方、シェアハウスとしての利用を禁止する旨の規定があれば、工事の中止等を求めることができると考えられます。

解説　シェアハウスとは、1つの部屋を区切るなどして不特定多数の人が居住できるようにした形態の部屋のことをいうと考えられます。現在、シェアハウスを直接規制する法律はありません。

　マンションにおいて、専有部分は基本的に区分所有者の自由に利用できるものです。そのため、管理規約にシェアハウスを規制する内容の規定がない場合、シェアハウスとして利用しようとしている区分所有者がいたとしても、当然にこれをやめさせることはできません。

　この点、東京地裁平成25年10月24日決定は、シェアハウスの工事完了後にシェアハウスとしての使用を制限する旨変更した管理規約について、区分所有法31条1項の「特別の影響」を認め、シェアハウスとしての使用の禁止請求を認めませんでした。

　他方、管理規約によりシェアハウスとしての使用を制限することは可能と考えられます。この場合、規約に反してシェアハウスに改装しようとしている人がいる場合には、管理規約に基づき、工事の禁止を求めることができると考えます。

ですので、重要なことは、事前にいかに管理規約を整備できるかということにあると思われます。その際、シェアハウスを明確に定義する法律等がないことからすれば、いかなる場合に禁止されるシェアハウスに該当し、規制の対象となるのかを管理規約において可能な限り具体的に定めておく必要があると考えられます。

Q9　ベランダのリフォーム

Q ある部屋の区分所有者が、リフォームをした際に、専用使用権を認めているベランダに砂利を敷き詰め、日本庭園風にしていることがわかりました。管理組合としては、元に戻してもらいたいと思っているのですが、可能でしょうか。その場合、どのような方法をとればよいのでしょうか。

A 元に戻すよう請求することは可能です。その場合、任意で元に戻すよう請求し、これに応じない場合には、裁判を提起することができます。

解説　ベランダは共用部分にあたりますので、専用使用権が認められていても、その「用方」に従って使用をすることだけが認められます（区分所有法13条）。専用使用権の認められた共用部分を無断で改築等することはできません。

このような事態が生じた場合、管理組合理事会は、区分所有法57条に基づき、変更したものを元に戻すよう請求することができます。また、管理規約に基づいて原状回復を求めることもできます。

区分所有者が任意に理事会からの請求に従わない場合には、理事長は、集会の決議を経たうえで、原状回復を求めるための訴訟を提起することもでき

ます。もっとも、原状回復を求めるためには、規約に違反している、あるいは、共同の利益に反する行為であることが必要であると考えられていますので、多少、他の区分所有者の利用方法と異なっているからといって、当然にその撤去等が認められるとは限りません。

　本件のような事案においても、管理規約にベランダの使用方法が規定されている場合や、そのような規定がなくても、砂利がおかれることにより他の区分所有者が避難等するために支障があるなど共同の利益に反するといえるような場合には、上記の方法によって元に戻すよう請求ができると考えられます。

　なお、砂利を敷き詰めたのが、専有部分である部屋の中という場合には、当然には元に戻すよう請求することはできないと考えられます。この点、東京地裁平成24年7月25日判決は、専有部分である部屋の床に砂利や石などを敷きつめ、日本庭園風にしたことが管理規約等に違反するなどとしてその撤去等を求めた事案において、このような行為によってマンションの軀体に悪影響が生じ、その存在自体によりマンションの居住者に迷惑が生じているという具体的な状況が認められないなどとして、この請求を認めませんでした。

Q10　工事の中止要請

> **Q** ある施主が行っているリフォームに問題がありそうなので、管理組合としてはその中止を求めましたが、その施主から、中止要請が違法であるから慰謝料を支払えと言われました。これに応じないといけないのでしょうか。

あえて当該施主を邪魔しようなどとしていない限りは、違法とはならないと考えられます。

解説 施主のリフォームが管理規約に違反すると考えられる場合、当ネットワーク版細則14条に基づいて理事長は必要な調査を行い、その結果次第では中止要請を行うことがあるかと思います。しかし、リフォームをしようとしている区分所有者にとってみると、理事長からの中止要請によって、工事が円滑にできなくなってしまい、利用に支障が生じるため、理事長の中止要請が違法であると主張する可能性があります。

このような場合、理事長においてあえて区分所有者を邪魔しようという意図があるなどの事情がない限りは、違法なものとはならず、慰謝料を支払う義務も負わないと考えられます。

この点、東京地裁平成25年12月4日判決は、理事長が、区分所有者によるリフォームが管理規約や細則の規定を遵守していないことや工事により騒音等が発生していることから工事の中止等を求めた事案において、「管理組合は、……共同の利益の観点から区分所有者間の調整を行うことも許される」とし、理事長による中止要請等が「共同の利益に反することとなるおそれが生じている本件工事を一旦中止させるためにやむを得ず行った」ものであって「不法行為を構成するほどの違法があるということはできない」として、理事長には損害賠償の支払義務はないと判断しました。

理事長としては、区分所有者の工事の進め方に問題があったり、管理規約に違反するような状況がある場合には、工事の中止要請をすることはできると考えられます。

もっとも、いかなる場合でも中止要請等ができるというわけではありませんので、工事の中止要請等をする場合には、理事会でしっかりと審議をしておいたほうがよいと考えられます。

Q11　承認したリフォーム工事に瑕疵があった場合の理事長の責任

> **Q** 管理規約に、リフォームについては事前に理事長の承認を得ることとされているので、理事長の承認を得て工事をしたところ、工事内容に瑕疵があることが発覚しました。この場合、承認した理事長も施主に対して損害賠償責任を負うことになるのでしょうか。

A 基本的には承認をした理事長には損害賠償責任はないと考えられます。

解説　管理規約上、リフォームをする際には、事前に理事長の承認を要するとされている場合が少なくありません。この場合、承認を受けた工事内容が適正なものではなく、工事に瑕疵が発生してしまった場合、設計・施工した業者に加え、工事内容を承認した理事長にも損害賠償責任はあるのでしょうか。

多くの管理組合においてリフォームについて事前に承認を経る必要があるとしているのは、工事をしようとした区分所有者のためではなく、共用部分を損傷しないか、あるいは騒音の問題はないかなど、管理組合として、建物の適性な管理の観点から工事内容を事前に点検しようとするためと考えられます。

したがって、事前の承認もこのような観点からなされることになりますので、理事会が承認したことは、リフォームをする施主にとって適正妥当なものを承認するということまで意味するものではないと考えられ、その結果、工事内容が適正なものではなかったとしても、工事を申請した区分所有者に対して、理事長が責任を負うことにはならないと考えられます。

この点に関して参考となる裁判例として、東京地裁平成25年3月29日判決があります。この裁判例は、工事の承認をしたことが債務不履行または不法

行為になるとして損害賠償請求がなされた事案です。判決は、「(管理)組合が専有部分の改修工事を承認するか否かは、共用部分に損傷を与えないかとか、他の組合員に対し騒音等で迷惑をかけないかなど、組合員全体のために、組合員の共同の利益を守るという観点から判断すべきことであり、専有部分の改修工事を行う組合員のために、工事の内容をチェックし、承認するものであるとはいえ」ず、管理組合と区分所有者との間で工事内容をチェックするとの委任契約類似の関係もないことなどを理由に、管理組合が専有部分の改修工事に関し、組合員個人に対して何らかの義務を負うことはないとして、請求を認めませんでした。

　したがって、管理規約に基づき、リフォームの内容について事前に理事長が承認をした場合であっても、理事長は、基本的には、工事に瑕疵があったことについては、責任を負うことにはならないと考えられます。

第5章
リフォーム工事に関するトラブル対処法

Q1　工事の遅延による解除と損害賠償

> **Q** マンションのリフォーム業者にリフォームを依頼して工事中なのですが、完成予定日に間に合いそうにありません。仮住まいのアパートの契約期間も切れてしまいそうです。どう対処したらよいのでしょうか。

A 工事の遅れの原因がどこにあるのか（たとえば、業者の能力不足、資材や職人の手配がつかない、特殊な材料を注文している等々）を見極めて、解除するかどうかを検討します。契約で定めた期限までに工事を完成させて引渡しがないときや、工期が大幅に遅れて期限までに完成する目途が立たないときは、契約書に解除や損害賠償の規定があるかどうかを確認しましょう。規定がないときは、当事者間の合意や、民法の規定に基づいて、契約の解除や損害賠償請求ができます。

解説

(1) 契約解除

　リフォーム契約の解除には、①契約書に基づく解除、②リフォーム業者との任意の話合いに基づく解除（合意解除）、③注文者の解除（民法641条）、④債務不履行による解除（同法541条、543条）、⑤瑕疵担保責任による解除（同法635条）があります。

　工事請負契約書には、「工期内または期限後相当期間内に、工事を完成する見込みがないときは、注文者は書面をもって契約を解除できる」などの規定があるのが通常です。

また、契約自由の原則により、施主とリフォーム業者とが合意して、契約関係を白紙に戻すことも可能です。これを合意解除といいます。すでに支払った代金をどうするかといったことや、業者が工事に着手していた（そこまでいかなくても相当程度準備を進めていた）ような場合、全く支払いなしに契約関係を解消するだけでよいかといったことなど、細かい点も両当事者の話合いによります。

　このほかに、民法は2つの解除を規定しています。1つは、施主の都合による解除で、請負契約は、仕事が完成しない間は、施主の都合によりいつでも解除できると規定しています（民法641条）。ただし、施主による解除は、解除されなければリフォーム業者が得られた報酬などの損害を業者に賠償しなければなりませんので、注意が必要です。

　民法の規定するもう1つの解除が債務不履行による解除です（民法541条、543条）。①約束の工期が来ても仕事が完成していないとき（履行遅滞）、あるいは、期限内の仕事の完成が社会通念上不可能であると認められるとき（履行不能）、②その遅延の原因がリフォーム業者の責任（故意または過失）によるものではないことを、業者のほうで証明できないときは、契約を解除できます（なお、瑕疵担保責任に基づく解除については本章Q5を参照してください）。

　工期の途中で工事の遅れが生じたときは、リフォーム業者に工期どおりに仕事をするように催促するとともに、なぜ遅れが発生しているのか十分な説明を求め、その内容によって解除すべきかどうかを判断しましょう。契約解除後は、出来高による代金の清算が必要になります。また、引き継ぐ別のリフォーム業者探しや請負代金の交渉に時間がかかることが予想されます。解除をするよりも工事を続けさせて、生じた損害を賠償させるほうが得策である場合もありますので、解除するべきかどうか、債務不履行解除が可能かどうかについては、慎重な判断が必要です。弁護士などの専門家に相談することをお勧めします。

(2) 損害賠償

　請負契約書には、工事が遅延した場合の損害賠償について定めがあるのが通常ですので、まず、契約書を確認してください。契約書に規定がない場合でも、リフォーム業者の債務不履行がある場合、すなわち、①約束の工期が来ても仕事が完成していないとき（履行遅滞）、あるいは、期限内の仕事の完成が社会通念上不可能であると認められるとき（履行不能）、②その遅延の原因がリフォーム業者の責任（故意または過失）によるものではないことを、業者のほうで証明できないときは、工事の遅延によって生じた損害の賠償をリフォーム業者に請求することができます（民法415条）。

　賠償すべき損害は、工期が遅れたことにより通常生じる損害です（民法416条1項）。たとえば、工期が延びたことにより必要になった仮住まいの費用などは通常損害といえるでしょう。特別の事情により生じた損害は、その特別事情を業者が知っていたか知るべきであったときに限り、賠償の対象となります（同条2項）。また、契約解除をしてもなお損害が発生するときは、解除とともに損害賠償請求が可能です。

Q2　打合せを怠るリフォーム業者

> **Q** リフォーム業者とリフォームの契約をして前金も支払いました。ところが、リフォーム業者が施主である私との打合せを怠ります。どのように対応すればよいのでしょうか。

　A マンションリフォームという目的達成のために必要な工事内容の確認や着工時期のすり合わせ、施工などについて、リフォーム業者と施主が十分に打ち合わせることが必要です。リフォーム業者に対して、打合せをしてもらうように粘り強く呼びかけましょう。それでも業者が打合せに応じないときに契約を解除できるかは、事案によります。

解説 リフォーム業者が打合せに応じないことをもって債務不履行と評価できるかどうかはケース・バイ・ケースでしょう。

参考となる裁判例として、東京高裁平成11年6月16日判決の事例があります。この事案は、建物の建築請負契約の事案でした。

この事案における注文者の主張は次のようなものでした。請負契約において、請負人は、注文者と打合せを行う必要がある場合、注文者から打合せや面会の要求があればそれに応じるべき付随的義務を有しているのにそれを怠った場合、注文者は請負人の債務不履行を理由として契約を解除できる、という主張でした。

東京高裁は、一般論としては「建物の建築請負契約においては、建物を建築するという目的を達成するため、注文者と請負人が、建築確認、工事内容、工事の着工、工事の施行等に関し、工事の着工前に十分に意見を交換し合うことが必要であることは明らかであるから、右の目的を達成するのに必要不可欠な打合せを行わなければならないにもかかわらず、請負人が正当な理由なくして、注文者からの打合せまたは面会の要求に応じようとせず、それによって信頼関係が破壊されたと認められる場合は、注文者において請負契約を解除することができる」とする一方、この事案においては、注文者が請負人に対して連絡または訪問を求めていたのは、「その当時、早急に工事内容等について打合せをする必要があったことを窺わせる事情も認められない。したがって、本件において、（請負人）が（注文者）からの連絡又は訪問の要求に応じなかったとしても、そのことが直ちに本件契約上の付随義務の不履行となり、本件契約の解除原因になるということはできない」としました。

このように、事案の個別具体的な事情により、解除まで認められるかどうかが決まります。

Q3 工事の途中でリフォーム業者と連絡がとれなくなった

> **Q** 工事の途中でリフォーム業者が工事を放り出し、その後連絡がとれなくなってしまいました。契約書に書いてある連絡先に電話してみてもつながらず、事務所に行っても誰もいません。どうしたらよいのでしょうか。

A 工事を途中で放り出して連絡がとれなくなるようなリフォーム業者にそのまま工事を依頼することは、普通は考えられません。リフォーム業者の債務不履行を理由に契約を解除することを検討しましょう。ただし、このような事案では、リフォーム業者が後に破産を申し立てることが予想されます。その場合には、破産管財人と対応を協議することとなり、事情によっては、破産管財人から契約を解除してもらう必要があります。

解説 解除の方法としては、まず、内容証明郵便で履行を催促し、工期までに履行しない場合は契約を解除する意思表示をします。この場合、履行期が経過したときに、契約解除の効力が発生します。ただし、工事を途中で放り出して連絡がつかないような場合は、工期までに工事が完成することは社会通念に照らして不能（履行不能）であると評価できると思われます。この場合は、催告なしに直ちに解除の意思表示が可能です。

解除の意思表示は、リフォーム業者に到達することが原則として必要です（民法97条1項）が、たとえば、保管期間満了で内容証明郵便が返却された場合でも、解除の意思表示は有効に到達したとみなすのが判例です（最高裁平成10年6月11日判決）。

事務所を閉鎖していたり、転居などで、リフォーム業者の住所が不明の場合は、公示送達の方法があります（民法98条、民事訴訟法110条〜112条）。これは、申立てにより裁判所の掲示場に掲示し、官報に掲載することで、意思表示の

到達を擬制する制度です。

　解除の効力が発生すれば、本来であれば、すでに支払った代金と工事の出来高の清算をし、損害が発生しているときは、債務不履行による損害賠償の請求をすることになりますが、行方をくらましているようなリフォーム業者相手では、回収の見込みは低いでしょう。

　また、突然連絡がつかなくなるようなリフォーム業者については、その後、破産手続が開始される可能性があります。すでに支払った代金が、工事の出来高よりも多いときなどには、破産管財人から契約を解除してもらうほうが、損害が少なくなる可能性があります。

　いずれにしても、このような最悪の事態を避けるために、リフォーム業者の選定には十分な注意が必要です。また、工事代金の支払方法は、出来高払いを基本とし、多額の金員の前払いをしないことも重要です。

Q4　リフォーム業者の破産・倒産

> **Q** マンションのリフォームを依頼している業者が工事途中で破産するという噂を聞きました。どうしたらよいのでしょうか。

まず、事実の確認が先決です。リフォーム業者が倒産の危機に瀕しているのであれば、業者に連絡がつかなかったり、工事自体がストップしていることが多いので、工事現場に行って工事の現況を確認したり、下請業者から情報を入手するなどしましょう。自己破産の申立てであれば、リフォーム業者の代理人弁護士から、まず破産申立ての予告通知が届くのが通常です。破産手続が開始された後は、破産管財人と対応を協議することとなります。

解説

(1) 破産の手続

　リフォーム業者の破産手続では、裁判所が破産管財人を選任します。管財人は、未回収の売掛金を回収したり、残余財産を換価して原資をつくったりして、最終的に、その業者の全債権者に対して債権額の割合に応じて配当します。

　このように、裁判所により破産手続開始の決定が出された後は、破産したリフォーム業者に属するすべての財産（債権や債務を含みます）の管理・処分は管財人の権限になります。その時点以降は、管財人との交渉になります。

(2) 途中の工事はどうなるか

　リフォーム工事が途中の場合、以降の工事をどうするか（工事を継続して完成させるのか、解除するのか）は、管財人が判断することになります。

　管財人が工事継続を選択した場合、契約の相手方がリフォーム業者だったのが管財人になるというだけです。工事が当初の予定どおり終了したら、契約で決められた請負代金を管財人に支払います。

　ただし、リフォーム業者が破産するというケースでは、そもそも必要な職人も業者を辞めてしまっているというケースが大半ですから、そもそも管財人として工事継続の選択をするということ自体が困難な状態であるのが通例でしょう。

　そうすると、管財人が契約を解除することになります。この場合は、工事の残りの部分は、施主が他のリフォーム業者を探して残りの部分の工事を依頼することになります。

　なお、破産管財人が、工事続行か契約解除かの判断をしないときは、施主が解除するかどうかの判断を催告することができ、破産管財人の確答がなければ、解除したとみなされます（破産法53条2項）。

(3) 既払金の扱い

　管財人が契約解除を選択した場合に生じるのが、既払金の取扱いの問題です。

仮に、施主が支払済みの既払金が、そこまでの出来高部分相当額よりも小さい場合（既払い分以上に工事が進んでいる場合）、管財人が施主に対して差額（未払い分）を請求します。ここで、施主側としては、残工事のために要することとなる超過費用（大抵の場合、他社が途中まで手掛けた工事を引き継ぐときには、請負代金は高額になる傾向があります）、あるいは、工期が余計にかかってしまうことによって発生する諸費用を損害として賠償請求権を主張し、管財人からの差額請求と相殺することが考えられますが、裁判例上、それは認められていません（東京地裁平成24年3月23日判決、札幌地裁平成25年3月27日判決）。施主としては困ってしまうところですが、これについては、管財人との間で出来高算定の段階で出来高部分を低めに出してもらうなどして、施主が管財人に支払うべき差額を圧縮するよう交渉することになるでしょう。

　逆に、途中工事の出来高部分相当額以上に既払金として払ってしまっているとしたら、施主は、管財人から超過部分相当額について清算・返還を受けることになります。

　このケースで問題となるのが、解除したのが管財人側なのか施主側なのかによって、法的位置づけが異なってくる点です。

　管財人が解除したとすると、施主に認められる上記債権は財団債権となります（破産法54条2項）。破産の場合、管財人が破産者の権利義務関係を清算して、残余財産を原資に債権者に配当するという手続になるのですが、その配当場面において、他の債権者に優先して支払いを受けられる債権が財団債権です。

　これに対して、施主側が解除したとすると、上記債権は破産債権として取り扱われます。破産債権というのは、他の債権者と平等の取扱いしかされません。

　このように、同じ請負契約解除なのにもかかわらず、債権の扱いが全く異なるわけですから、施主側としては、管財人に対して、管財人側から契約を

解除するよう申し入れることが大切です。専門的知識が必要な分野ですので、専門家（弁護士）に相談されることをお勧めします。

(4) まとめ

このように、リフォーム業者の破産というケースでは、既払金が重要な問題となってきます。工事開始前に一定の金額を支払うこと自体は珍しくないことともいえますが、その場合でも、支払う前払金が高額にならないようにすること、また、工事途中のタイミングで支払いを設定する場合には、見込まれる工事の進捗状況と支払額とを適切な対応関係にすることが大切でしょう。

Q5　工事の瑕疵①

> **Q**　マンションのリフォーム中ですが、リフォーム業者が注文どおりの工事をしてくれず、仕上がりの出来も悪いため、工事の途中ですが契約を解除して、別の業者に頼みたいと思っています。その場合、業者に対して、損害賠償を請求することも可能でしょうか。

A　工事に瑕疵があるときは、瑕疵修補請求、損害賠償請求が可能で、その瑕疵が重大なときは、契約の解除もできます（民法634条、635条）。また、施主は、仕事が完成するまでは、いつでも損害を賠償して契約を解除することができます（同法641条）。

解説

(1) 瑕疵担保責任の追及

仕事の目的物に瑕疵があるときは、施主は、リフォーム業者に対して、相当の期間を定めて、その瑕疵の修補を請求することができます（民法634条1項）。瑕疵の修補に代えて、または、瑕疵修補とともに損害賠償の請求をすることもできます（同条2項）。瑕疵が重大で、契約の目的を達成

できないときは、契約の解除をすることもできます（同法635条）。なお、瑕疵が、施主側の事情によって生じたものであるとき、すなわち、施主が提供した材料の性質や施主の指図によって瑕疵が生じた場合は、リフォーム業者が、それらが不適当であることを知りながら告げなかったときを除き、瑕疵担保責任を追及することができません。

瑕疵があるとは、完成された仕事が契約で定めた内容どおりでなく、使用価値または交換価値を減少させる欠点があるか、または、当事者があらかじめ定めた性質を欠くなど不完全な点を有することとされています（最高裁平成15年10月10日判決）。

一般に瑕疵があるかどうかは、①契約に違反しているか、②建築基準法令等に違反しているか、③一般的・標準的な技術基準に違反しているかで判断されます。「注文どおりに工事をしてくれない」というのが、契約書に明確に違反しているという意味であれば、当然に瑕疵があるといえます。

「仕上がりの出来も悪い」というのが、契約に定めた施工内容（材料、品質、性能等の仕様）と異なる場合や、リフォーム業者であれば、当然に要求される技術水準に達していない場合には、瑕疵があるといえます。

契約書（材料、品質、性能、品番等を記載した見積書、設計図面、仕様書等を含む）がないときや、材料や性能の特定がされていない場合には、瑕疵といえるかどうかが問題となります。単にイメージどおりではないということであれば、瑕疵と認められないことも多いでしょう。カタログを示して材料を決めた場合や、打合せのメモなどに、特定の仕様・方法で工事を注文したことがうかがわれる記載が残されているときは、契約違反の瑕疵があると認められる場合もあります。

「瑕疵」といえるかどうか微妙な場合に、うっかり、イメージどおりにするようにやり直し工事を注文すると、あとから、「追加工事」「変更工事」であるとして、追加料金を請求されることもあり得ますので、注意してください。

瑕疵があることを立証する責任は、施主側にあります。後々の紛争を防止するためにも、たとえば用いる材料であれば、色、素材、形状、品質、性能などの仕様やメーカー名、品番等まで特定した契約書や設計図面の作成をリフォーム業者に要求することが重要となります。

工事の内容に疑問があるときは、弁護士、建築士などの専門家に早めに相談してください。場合によっては、いったん工事を中止させてそれまでの工事を点検するなどの措置が必要となる場合もあります。

(2) 注文者解除権

仮に、仕事の目的物に瑕疵があると認められる場合であっても、契約の解除が認められるためには、その瑕疵が重大なため契約の目的を達成することができないことが必要です（民法635条本文）。瑕疵が重大かどうかは事情ごとに判断されますが、一般に、やり直し工事（瑕疵修補）が短期間に比較的容易にできる場合には、契約の解除までは認められないことになるでしょう。

瑕疵担保責任による解除とは別に、民法は、施主は、仕事が完成するまでの間であれば、いつでも契約を解除できると定めています（注文者の解除権。民法641条）。ただし、施主は、解除によってリフォーム業者に与えた損害（たとえば、工事を完成させると得られたであろう報酬など）の賠償義務があります。「気にいらない」などの理由で安易に解除をすると、業者から損害賠償請求をされることがありますので、注意してください。

(3) 解除後の法律関係

債務不履行責任（本章Ｑ１参照）や瑕疵担保責任に基づく解除をした場合、支払済みの工事代金と瑕疵なく完成した部分の出来高報酬額の清算をすることになります。工事の瑕疵により損害が発生している場合は、施主からリフォーム業者に対する損害賠償も可能となります。途中で工事を引き継ぐリフォーム業者への支払いは、最初から工事を発注する場合に比べて割高になるのが普通でしょう。その差額分を損害として瑕疵工事をした業者に賠償請求できるかも問題となります。このように契約を解除すれば問題が解決すると

いうわけでもなく、損害賠償額や出来高報酬額の算定をめぐって新たな争いに発展することもあります。早期に弁護士や建築士に相談することをお勧めします。

注文者解除の場合は、既払額と出来高による報酬請求の差額の清算にとどまらず、リフォーム業者から約定の報酬全額を損害賠償として請求されることがあるのは前述のとおりです。この場合は、途中解除により不要になった材料費や人件費等を差し引いてもなお業者に損害が発生しているのかどうかについて問題となります。話合いがうまくいかないときは、早期に弁護士、建築士などの専門家に相談してください。

Q6　工事の瑕疵②

> **Q**　❶バリアフリーにしようと思ってリフォーム工事を発注しましたが、工事完成後も段差が残っています。どうすればよいのでしょうか。
> ❷キッチンのリフォームが終わった後、半年くらいしてから壁にシミが出たりシステムキッチンの扉が閉まり切らなくなったりと、いろいろと不具合が出てきてしまいました。リフォーム業者にどのようなことをいえるでしょうか。

A　❶リフォーム業者に対して、残ってしまった段差部分について修補するよう請求したり、損害の賠償を請求したりする、瑕疵担保責任の追及が考えられます。

❷不具合について、工事の施工不良が原因であるということを確定させることが必要です。施工不良が原因である場合には、瑕疵担保責任の追及が可能です。

解説 **(1) バリアフリー工事で段差が残っている**

室内をバリアフリーにするためにリフォーム工事を依頼したにもかかわらず、工事完成後にも段差が残っている場合、請負契約により注文者が請負人に依頼した工事の内容に瑕疵があることになります（瑕疵担保責任については、本章Q5参照）。

その場合、①瑕疵部分（段差が残っている部分）について、当初、契約で合意したレベルの仕上がりに補修するように請求ができます（民法634条1項）。民法では、このような場合、「瑕疵が重要でない場合において、その修補に過分の費用を要するとき」は、補修請求はできず損害賠償請求（同条2項）しか認められないと定めています。本件のように、室内をバリアフリーにするためにリフォーム工事を発注したにもかかわらず工事終了後に段差が残っているような場合、その瑕疵は重要なものと評価できるでしょう。

また、②瑕疵の修補に代えて、または瑕疵の修補とともに損害賠償の請求も可能です（民法634条2項）。

さらに、③工事の瑕疵が重大であり、「そのために契約した目的を達成することができないとき」には、契約の解除が可能です（民法635条）。ただし、解除が認められる場合は限られており、本件のケースでは、瑕疵の程度にもよりますが、通常は、瑕疵修補請求と損害賠償請求で対応することになると思われます。

(2) 半年後に不具合が生じた

❷のケースで、問題となるのは、「リフォームが終了してから半年後に不具合が顕在化している」という点です。「半年後」ということですので、リフォーム工事とは別の原因でそのような現象が起きていることも考えられます。瑕疵担保責任を追及する場合には、リフォーム工事後に壁にシミが出た、あるいはシステムキッチンの扉が閉まりきらなくなったという不具合（瑕疵）が、リフォーム業者の施工ミスが原因で生じたものであることを、施主側で証明しなければなりません。リフォーム業者がその点を争って、修補工事や

損害賠償を拒否した場合は、建築士など工事の専門家に、瑕疵の原因について相談してください。なお、瑕疵担保責任の追及は、民法上は引渡しを受けてから1年間とされており（民法637条1項）、契約でそれより短い期間を定めることも可能ですので、注意が必要です（本章Q8参照）。

Q7　シックハウス

> **Q** 家族がアレルギー体質で、自然素材を活かしたリフォームを宣伝しているリフォーム業者にマンションのリフォームをしてもらいました。ところが、工事が終了して再入居した直後から化学物質過敏症に悩まされています。どうしたらよいのでしょうか。

A リフォーム業者との交渉において、どのような材料、溶剤等を使用したのかを確認し、あらかじめ契約書で使用を禁止した物質を使用した等の理由により、化学物質過敏症に罹患したことを証明できるときは、債務不履行に基づく損害賠償請求をすることが考えられます。

解説　リフォーム業者の施工が契約に違反しており、これにより損害を被ったときは、債務不履行を理由として損害賠償請求が可能です。本件の場合も、化学物質過敏症の原因となる特定の素材を使用してはならないとする義務があったにもかかわらず、リフォーム業者がそれを使用したことにより化学物質過敏症を発症した場合には、損害賠償請求が可能です。

請負契約の中に、特定材料の使用禁止規定がない場合であっても、リフォーム業者が工事をするにあたり、施主が化学物質過敏症に罹患しないように注意する義務（安全配慮義務）を信義則上負っていたにもかかわらず、その義務に違反したことを証明できれば、リフォーム業者の債務不履行責任を追及することが可能です。

その場合、具体的には、以下の点の立証が必要となります。
① 化学物質過敏症に罹患していること
② リフォーム業者が使用した特定の材料と実際に罹患した化学物質過敏症との因果関係があること
③ 化学物質過敏症に罹患するという結果をリフォーム業者が予見できたこと

②③を立証するためには、リフォーム業者がいかなる材料を使用したのかが、はずせないポイントです。その材料がどのような性質のものであり、監督官庁等からどのような注意や規制がなされていたのかを調査する必要があります。

②の因果関係の立証のためには、リフォーム業者が使用した材料と化学物質過敏症との関係について、医学的に証明されているか、少なくとも危険性を指摘する論文があるかどうか、法的に禁止・規制されている物質であるか、工事開始と施主の発症（増悪）時期の関係、発症の経緯、発症後の経緯などから立証していくことになります。③については、契約締結交渉の段階で、家族がアレルギー体質であることを伝えていたか、リフォーム業者が自然素材をセールスポイントとしていた具体的な事実（化学物質過敏症についての対策を売り物にしていたか等々）、使用する材料、塗装材などについて、どのようなことを決めたかが問題となります。リフォーム業者から受け取っているパンフレットや打合せの際のメモやメールのやりとりなどの資料を揃えておくことが大切です。

この問題については、さいたま地裁平成22年4月28日判決が参考になります。この事案では、施主の家族3名が、工事業者が合意に反して使用した物質により化学物質過敏症に罹患したとして損害賠償請求をしましたが、それぞれ、化学物質過敏症の罹患を証明できていない、工事業者が使用した特定物質と化学物質過敏症との因果関係が認められない、工事業者には被害者が特定物質の使用により化学物質過敏症に罹患することについての予見可能性

がないという三者三様の理由により、請求が棄却されました。

Q8　リフォーム業者の責任追及が可能な期間

> **Q** マンションのリフォームをしたらいろいろと不具合がありました。リフォーム業者に対してやり直しを請求したいのですが、いつまで請求できるのでしょうか。

A 民法の規定により、工事が終わってリフォーム業者から完成物の引渡しを受けた時から1年以内に意思表示しなければならないとされています（民法637条1項）。契約上の特約によりこれと異なる定めをすることもできます。

解説　マンションのリフォームをリフォーム業者に依頼する場合、その契約は民法上の請負契約です。そして、請負契約の場合、請負人の責任を追及できる期間について、民法637条が規定しています。これによりますと、「瑕疵の修補又は損害賠償の請求及び契約の解除は、仕事の目的物を引き渡した時から1年以内にしなければならない」（同条1項）とされています。

また、この規定により定められた期間については、契約当事者の合意により、これと異なる期間を設けることもできます。たとえば、6カ月以内などとこの期間が短縮されている事例も見受けられます。

リフォームの瑕疵は、引渡しを受けてから時間が経って表面化することも多いものです。契約を締結する際には、契約書をきちんと確認し、うっかり自分に不利益な特約を結ばないようにしましょう。

なお、債務不履行に基づく損害賠償請求、解除は、不履行の時より10年、不法行為に基づく損害賠償請求は、損害および加害者を知った時から3年ま

たは不法行為の時から20年経過したときは、責任追及ができないのが原則です（民法724条）。

Q9　予期せぬ追加工事代金を請求された

> **Q** リフォームの工事中に現場を見に行った際、リフォーム業者から「ここをこうしたほうがいい」などと言われて、「そうですね」と答えたことがありました。工事終了後に追加工事費用を請求されましたが、支払わないといけないのでしょうか。

> **A** そもそも、当初のリフォームに加えて、追加工事を実施するという合意が成立しているかどうかが問題です。

　リフォームの場合、工事の範囲をめぐってトラブルになることは珍しくないことといってもよいでしょう。本設問のように、工事途中で工事内容が変更されたり内容が追加されたりといったこともよく見受けられます。

　その場合にまず検討すべきなのが、①リフォーム業者との間で、追加工事をするという合意がなされているか、ということです。ここで合意の内容というのは、追加工事の内容とその費用のことです。リフォーム追加工事もそれ自体契約ですから、施主と業者との間で合意がされていることが必要なのです。両当事者の合意がなければ契約自体が成立していないことになります。また、業者が施主に対してその費用を請求するためには、費用に関する合意が存在することが必要です。

　また、建設業法では、建設工事の請負契約における原則として、「建設工事の請負契約の当事者は、前条の趣旨に従って、契約の締結に際して次に掲げる事項を書面に記載し、署名又は記名押印をして相互に交付しなければな

らない」と定めています（同法19条1項）。ここで書面の記載が要求される事項として、「工事内容」、「請負代金の額」「工事着手の時期及び工事完成の時期」などが列挙されています（同項1号以下）。したがって、本設問のように、そもそも追加工事の合意が存在するかどうかもあいまいで、書面もつくられていないような場合は、施主とリフォーム業者との間で、「追加費用が発生する工事である」という合意はなかったと解釈できる余地があります。しかし、書面が存在しないからといって、必ず契約が不存在となるとは限りません。追加工事の内容や規模、費用、追加工事の必要性や、どちらが言い出した話なのか等々の事情によっては、費用を支払う合意があったとされる場合もあります。

　このようなトラブルを事前に防ぐためには、リフォーム業者とのやりとりについてあいまいなままにせず、きちんと書面として残すことが大切です。

　工事の追加や変更内容について書面を残さない場合、工事終了後になって合意の有無について紛争になるおそれがあります。たとえ、無償のサービス工事として合意が成立した場合であっても、工事内容とその工事は無償であるということを書面で残しておくべきです。その書面には、追加変更工事の内容や工期変更の有無を記して、両当事者が署名をしておくなど、合意した内容について明確にしておきましょう。

Q10　リフォーム工事で漏水被害

Q 上の階から漏水が生じるようになりました。上階のリフォーム工事によるもののようですが、上階の区分所有者やリフォーム業者に対して、損害の賠償を請求できるのでしょうか。

　漏水の原因が上階のリフォーム工事にあり、かつ、リフォーム業者に漏水を生じさせたことにつき過失があるときは、リフォーム業者

に対して不法行為に基づく損害賠償を請求できます。上階の所有者や占有者も、漏水させたことについて過失が認められれば、損害賠償義務を負います。

解説 　リフォームの工事中に誤って給排水管を破損して漏水を生じさせたなど、リフォーム業者の過失によって漏水が生じた場合には、これにより損害を被った下の階の住人は、そのリフォーム業者に対して不法行為に基づく損害賠償を請求することができます（民法709条）。

　東京地裁平成24年1月24日判決は、内装工事の際に誤って暖房設備の温水配管を切断したことによって隣接している部屋の中を水浸しにしてしまった事案において、工事業者に対する損害賠償を認めています。東京地裁平成24年12月17日判決も、工事業者がリフォームの工事中に、排水管にごみを詰まらせたまま水を流したことで階下に漏水した事案において、工事業者の責任を認めています。

　東京地裁平成18年9月12日判決は、洗面所の蛇口を開栓したが、老朽化やつまりなどの理由によりすぐに水が出なかったため、そのまま放置され、後に水が流れ出て階下に漏水が生じた事案において、部屋の区分所有者は、居室内の水道設備を適切に管理し、漏水等の事故が生じないようにすべき注意義務を怠った点に過失があるとし、また、リフォーム業者の従業員が蛇口を開栓した可能性が高いとしたうえで、業者には、内装工事を行うにあたり、当該建物の設備等に支障が生じないように留意すべきものと解することができるから、本件蛇口の状態を十分に確認しなかった点において、業者にも過失があるとして、民法719条1項により、共同不法行為責任を認めています。

Q11 リフォーム工事中の騒音

> **Q** 隣の部屋のリフォーム工事の騒音がひどくて困っています。文句を言ったのですが、隣家の人は「業者に注意します」と言うだけで騒音は全く改善されません。管理組合から注意してもらうことはできますか。騒音を止める法的な手段はありますか。

A 当事者同士の話合いによって解決できないときは、管理組合に相談してみましょう。法的措置で現に発生している騒音を止めることは通常は困難で、事後的な救済として騒音による被害の損害賠償が認められるケースがあるにとどまるでしょう。

解説

(1) 話合い

　もう一度、お隣と話をしてみてください。どんな振動と音が、いつ頃あったのかを伝え、リフォーム業者に具体的に伝えてもらうか、3者で話し合う機会をつくってもらうとよいでしょう。物の落下音や、壁へのアンカー打ちなどが騒音の原因であれば、対策を考えてもらいましょう。不注意に物を落とさないとか、アンカー打ち作業の期間や作業の時間帯を決めて守ることを約束させるなど、最低限の対策を立てることも可能です。

(2) 管理規約・使用細則（リフォーム工事細則）

　このような当事者同士の話合いにより解決できないときは、管理組合に相談してみてください。そのリフォーム工事が管理組合の管理規約や細則に違反している場合は、管理組合は、工事の中止を要求することができます。騒音が、管理規約や細則に定める工事方法などの規定に違反していることが原因であれば、それを改めさせて騒音の低減を図ることも可能でしょう。

　リフォームについての管理規約や細則が定められていない場合、あるいは、工事が禁止条項に違反していない場合で、かつ、工事が専有部分のリフォー

ムにとどまる限りは、管理組合がその工事について注文をつける権限や義務は原則としてありません。

(3) 法的措置——受忍限度を超える騒音の立証

騒音を止める法的措置としては、騒音差止めの仮処分があり、事後的な法的救済措置としては、損害賠償請求訴訟（調停）があります。騒音被害が裁判所で争われる場合は、その騒音が一般人の通常の感覚ないし感受性を基準に判断して、「受忍限度」を超えているかどうかが争点となります。受忍限度を超えているかどうかは、騒音の程度、種類、存続期間、騒音の続く時間や時間帯、騒音を出している側の事情（加害行為の有用性、被害防止の努力、対策費用や対策の簡便性など）と、被害を受けている側の事情（被害の内容や程度など）を総合的に比較衡量して裁判所が判断します（東京高裁平成6年6月9日判決ほか）。リフォーム工事による騒音の場合は、管理規約・細則に違反する工事かどうかも判断の事情の1つとなります。

また、客観的な騒音の程度（数値）を立証するために測定が必要です。自治体によっては騒音測定機器を無料で貸し出しているところもありますので、役所に問い合わせてみるとよいでしょう。また、民間で検査測定を請け負うところもあります。

(4) 騒音差止めの仮処分

工事の騒音を止めるための法的措置としては、民事保全法に基づく差止めの仮処分があります。

ただし、差止めが認められるためには、受忍限度を超える騒音であること、被害が深刻なために事後的な救済（損害賠償）では取り返しがつかないことなどを立証する必要があり、その立証は容易ではありません。また、仮処分手続は通常の訴訟と比べると短い期間で決定が出されますが、リフォーム工事の期間は、数日間から1カ月程度が普通と思われますので、仮処分決定が出る前に工事が終わってしまうなど、現に発生している騒音を止めるための措置としては、実際的ではないことが多いでしょう。

Q12 リフォーム工事後の階下への騒音

> **Q** マンションの上階が、床をフローリングにするリフォームをした後、子どもの飛び跳ねる音、物の落下音、いすを引く音などの生活騒音がひどくて、夜も眠れません。何か対処方法はありますか。

A 管理規約や使用細則で、床をフローリングにすることを禁止していたり、あるいは、一定の遮音性能をもつ床材の使用を義務づけている場合、それらに違反した工事がなされていれば、管理組合は工事のやり直しを命じることができます。管理規約等に定めがない場合や、管理規約等に違反していない場合は、まず、当事者間で話合いをして、それでも解決しないときは、訴訟になりますが、差止認容判決が出る可能性はほとんどないのが現状です。

解説

(1) 管理規約・使用細則

リフォームが管理組合の管理規約・使用細則に違反し、たとえば、フローリングの張替工事自体が禁止されている場合、あるいは、フローリング素材として禁止されている素材を使用している場合であれば、管理組合は、管理規約等に適合する工事のやり直しを要求することになります。まずは、管理規約等にリフォームの定めがあるかどうかを確認して、その工事が違反工事であるかどうかを、管理組合に相談してみましょう。

その工事が、管理規約等に違反するものでないときは、原則として、管理組合は、上下階の騒音トラブルに関与することはできません。ただし、管理組合としても、当事者の間に入り、円満な改善策（じゅうたんを敷くなど）の提案をすることまでは可能でしょう。

隣同士や上下階の生活騒音トラブルは、床材の仕様や建物構造上の原因のほかにも、人為的な原因によることも多く、生活面でのマナーや子どもに対

するしつけ方の改善、防音マットや防音材を敷く・張るなどの措置で改善が見込める場合もあると思います。管理組合名で、居住者一般向けに掲示板や管理組合ニュースなどで生活騒音への注意を呼びかけることも有効でしょう。

　また、日頃から上下階、両隣のお付き合いがあり、家族構成なども知っていれば、「音が以前より響きますが、床のリフォームをされましたか」、「お子さんが走れるようになったんですね」、「すみません。うるさかったですか。実は……」などというように、何気なく話題にしてみてはどうでしょうか。それをきっかけに、改善策をいっしょに考えることができれば、騒音に悩む人も、精神的にかなり楽になると思います。

(2) 騒音の程度

　話合いで解決する場合も、まず、騒音の程度を知ることが必要です。さらに、裁判になるような場合は、客観的な騒音の程度（数値）の立証は必要になってきます。自治体によっては、騒音測定機器を無料で貸し出しているところもあります。民間で検査測定を請け負うところもあります。騒音の程度については、環境基本法16条1項に基づく「騒音に係る環境基準」（生活環境を保全し、人の健康の保護に資するうえで維持されることが望ましい基準）では、もっぱら住居の用に供される地域および主として住居の用に供される地域においては、昼間55デシベル以下、夜間45デシベル以下とされています。各自治体の定める環境条例の騒音基準も参考にしてください。

(3) 法的措置──受忍限度を超える騒音の立証

　話合いによっても解決しないときは、当事者間で弁護士会のあっせん・仲裁センターや裁判所の調停手続を利用したり、騒音差止めの仮処分、騒音差止めの裁判、損害賠償請求訴訟などの法的措置で解決が図られることとなります。

　ただし、騒音問題が裁判所で争われる場合は、その騒音が一般人の通常の感覚ないし感受性を基準に判断して、騒音が「受忍限度」を超えているかど

〔表〕 東京都都民の健康と安全を確保する環境に関する条例136条に基づく騒音に係る規制基準（別表13）

区域の区分		時間の区分	敷地境界における音量（単位デシベル）
種別	該当地域		
第一種区域	一　第一種低層住居専用地域 二　第二種低層住居専用地域 三　AA地域〔清瀬市の一部〕 四　東京都文教地区建築条例第2条の規定により定められた第一種文教地区 五　前各号に掲げる地域に接する地先および水面	6時～8時	40
		8時～19時	45
		19時～23時	40
		23時～翌6時	40
第二種区域	一　第一種中高層住居専用地域、第二種中高層住居専用地域、第一種住居地域、第二種住居地域および準住居地域であって第一種区域に該当する区域を除く地域 二　無指定地域（第一種区域および第三種区域に該当する区域を除く）	6時～8時	45
		8時～19時	50
		19時～23時	45
		23時～翌6時	45
第三種区域	一　近隣商業地域（第一種区域に該当する区域を除く） 二　商業地域（第一種区域および第四種区域に該当する区域を除く） 三　準工業地域 四　工業地域 五　前各号に掲げる地域に接する地先および水面	6時～8時	55
		8時～20時	60
		20時～23時	55
		23時～翌6時	50
第四種区域	商業地域であって知事が指定する地域 〔千代田区、中央区、港区、新宿区、台東区、渋谷区、豊島区の一部〕	6時～8時	60
		8時～20時	70
		20時～23時	60
		23時～翌6時	55

うかが争点となります。騒音差止めの仮処分や差止訴訟、損害賠償請求訴訟は、当事者双方にとって負担が重く、現状では、差止めが認められることは困難で、損害賠償が認められるケースも決して多くはなく、認められても損害額が低いなど、訴訟により被害（ないし被害感情）の回復を図ることは極めて難しいと考えるべきでしょう。

Q13　リフォーム業者がエレベーターを傷つけた

> **Q** リフォーム工事を依頼した業者が、工事中に誤ってエレベーターを傷つけてしまいました。管理組合から、エレベーターの修理費用を請求されていますが、払わないといけないのでしょうか。費用を支払ったときは、リフォーム業者に対して、損害賠償請求ができますか。

A 施主は、リフォーム業者がその仕事について第三者に加えた損害について賠償する責任を負わないのが原則ですが、例外として、注文または指図に過失があったときは、責任を負います（民法716条）。施主が第三者に損害を支払ったときは、業者に対して、求償することが可能です。

解説　エレベーターなどの共用部分を損傷されたとき、管理組合は、リフォーム業者に対し、故意・過失があることを立証して不法行為に基づく損害賠償を請求できます（民法709条）。

では、施主に対しても、請求できるのでしょうか。民法は、716条本文で、注文者は原則として請負人の行為の結果について責任を負わないとし、例外として、注文または指図に過失があったときは、注文者も責任を負うと定めています（同条ただし書）。

マンションによっては、リフォームに関する規約や細則を定めているとこ

ろがあり、その中で、施主である区分所有者は、工事を行うリフォーム業者が、エレベーターなど共用部分を傷つけたり汚したりしないように、適切な養生措置等を講じさせるように努めなくてはならない等と定めているケースが多いと思われます。その場合において、施主が、業者に対し、適切な養生措置を講じるように何ら指示しなかった場合は、注文または指図に過失ありとされる可能性があります（参考：最高裁昭和43年12月24日判決）。

　指示をしたのに、リフォーム業者がその措置を怠って、エレベーターを損傷した場合には、施主は責任を負わず、管理組合は、業者に直接請求できるにとどまると思われます。

　管理組合の請求に対して、施主が損害賠償をした場合は、施主は、エレベーターを損傷した業者に対して、その金額を自己の損害として求償することができます（民法415条、709条）。

Q14　違反工事とリフォーム業者・施主の責任

> **Q** リフォーム工事をしたところ、建築基準法に違反していたことが判明し、直さないといけなくなりました。かかった費用を業者に請求したいと思いますが、認められますか。また、リフォーム工事が管理規約違反ということで管理組合から原状回復を求められた場合の原状回復費用はどうでしょうか。

A 建築基準法に違反した工事には瑕疵があると考えられますので、直すのにかかった費用をリフォーム業者に請求することは基本的には可能であると思われます。他方、管理規約違反の場合には、規約の内容を業者が知っていたり、当然知りうる状況にある中で工事をしたような場合には瑕疵があるとして、原状回復に要した費用を請求することができると考えられます。もっとも、いずれの場合も、施主の指示内容が不適当であるような

場合には、請求が制限される可能性もあります。

解説

(1) 建築基準法違反の場合

本章Q5などで解説したとおり、リフォームのような請負契約においては、完成した物に瑕疵がある場合には、瑕疵の修補や損害賠償を請求することができます（民法634条）。

「瑕疵」とは、完成された仕事が契約で定めた内容どおりでなく、使用価値または交換価値を減少させる欠点があるか、または、当事者があらかじめ定めた性質を欠くなど不完全な点を有することとされています。

施主は建築基準法に準拠した工事を発注しようと考えるのが通常ですし、仮にもリフォーム業者であれば、建築基準法について必要な知識をもっているべきであり、それに準拠した工事をすることが通常求められているといえますので、工事の結果、建築基準法に違反してしまった場合には、その工事には瑕疵があると考えることになると考えられます。したがって、施主としては、建築基準法違反を是正するために要した費用については、これを損害として、リフォーム業者に請求することができると考えられます。

なお、瑕疵が施主の指示によるものの場合には、リフォーム業者は瑕疵担保責任を負わず、業者が指示が不適当であることを知りながらそれを告げなかった場合に瑕疵担保責任を負うとされています（民法636条）。リフォーム業者から施主が発注した工事を進めると建築基準法違反になることを知らされながら、あえて工事を進めるように指示した場合には、請求ができないこともあると考えられます。

(2) 管理規約違反の場合

建築基準法と異なり、管理規約は個々のマンションによって異なるものと考えられるため、リフォーム業者としては管理規約の内容を知らずに工事を受注することもあると考えられます。

そのため、リフォームの工事の内容が規約に違反するものとして管理組合

から原状回復を求められた場合であっても、当然にはかかる工事は瑕疵ということにはならないと考えられます。

　もっとも、管理規約の内容をリフォーム業者が認識していたような場合や、認識すべきであったといえる場合は、規約に準じた工事をすることも請負契約の内容に含まれていたと考えることもできると思います。このような場合には、規約違反の工事を是正することに要した費用について、瑕疵担保責任として、請求する余地もあると考えられます。なお、この場合であっても、施主からの指示が不適当なものであったために規約違反の工事となった場合には、リフォーム業者が注文内容が不適当であることを知っていてこれを告げなかったような場合を除き、業者に対して瑕疵担保責任を問うことはできないのは、前記(1)と同様です（民法636条）。

　建築基準法の場合と異なり、管理規約や細則は公の規範ではないため、リフォーム業者が当然に認識すべきであったとまでいえるかどうかはむずかしいところです。やはり、工事を依頼する段階で、管理規約や細則を業者に示して、それに基づき違反工事とならないよう、しっかりと打合せをしてから工事を始めることが肝心です。

Q15　中古で購入したマンションの違法工事

> **Q** 中古で購入したマンションをリフォームしようと**管理組合に届け出たところ、管理規約に反した工事が行われているので、その部分を補修するよう要請されました。この工事は以前の区分所有者が行ったものですが、補修する義務があるのでしょうか。**

A まず、その工事が建築基準法等の建築法規に違反しているのかを確認する必要があります。バルコニー部分を部屋として使っている等は違法行為になり、元に戻す必要があります。その補修を行うのも現区分所

有者になります。現区分所有者はこの事実を前所有者から聞かされていなかったときは、事情によっては、前所有者に対して損害の賠償を請求できます。

解説 　古いマンションなどでは、完成した当時区分所有法などが整備されておらず、しばらくの間は管理組合が存在していなかったマンションも存在します。そのため、当時の管理がずさんだった場合、勝手な改築が行われているマンションが見受けられます。

　上記にもあげた、バルコニー部分を壁で囲い部屋として使用している例以外にも、隣り合う2軒の間の壁を撤去して1軒にしてしまった例、外壁に穴を開けて窓をつくってしまった例など、防火・防災上や構造上に問題となる工事はほぼ違反行為となり、他の区分所有者の安全性を脅かすことからも是正する必要があります。これは、仮に前区分所有者が行ったことであっても、現区分所有者が直す必要があります。

　違法工事の事実について、現所有者は違法であると知らずに買った場合で、知らないことに過失がないといえるときは、現所有者は、前所有者に対して、売買の瑕疵担保責任に基づきかかった費用等の賠償を請求できます（民法570条）。しかし、違反行為の内容や程度によっては、知らずに買った買主にも過失があるとされる可能性はあります。また、瑕疵担保責任は、買主がその違法工事の事実を知った時から原則として1年以内に権利行使することが必要です。当事者間の特約で、権利行使期間が短縮されたり、瑕疵担保責任が免除となっている場合もあるので、要注意です。

　前所有者が違法工事の事実をことさら隠して売ったようなケースでは、説明義務違反を理由に、前所有者に対して損害賠償請求が可能な場合もあります。弁護士に相談することをお勧めします。

Q16 しつこい勧誘・リフォーム詐欺

> **Q** ❶マンションの別の住戸でリフォームの工事をしていたリフォーム業者が訪ねてきて、しつこく営業されて迷惑なのですが、どうすればよいのでしょうか。
> ❷大規模修繕工事の最中にリフォームの営業をしてきた業者がいます。大規模修繕工事を施工している業者と見分けがつかないのですが、どうすればよいのでしょうか。

A そもそもいずれの場合も、リフォームの必要がなければ、きっぱりと断りましょう。管理組合にも連絡をして、しつこく勧誘するリフォーム業者に対しては、注意をしてもらってください。

大規模修繕工事中の場合には、理事会に問い合わせて、大規模修繕工事業者にリフォームの営業を許可しているのかどうかを確認してください。

解説

(1) リフォーム工事中の業者による営業

Qの❶の場合、管理組合は、リフォーム工事を進めている部屋の工事を承認しているだけで、他の住居への営業についてまで承認を与えていません。きっぱりと断り、管理組合に状況を報告し、そのリフォーム業者に注意勧告してもらいましょう。何も関係ない工事業者が勝手にマンションに入り込み、戸別訪問で営業をしている場合、管理会社や管理組合に連絡して早急に対策をとることをお勧めします。

(2) 大規模修繕工事中の営業

Qの❷の場合、管理組合に連絡して、まず、大規模修繕工事業者にリフォームの営業を許可しているのかどうかを確認することが必要です。許可していたとすれば、訪問前にそのような訪問があることを文章で出した後に再度訪問するよう申し入れましょう。

管理組合としても、大規模修繕工事中には「工事を行っているものです」と偽って営業する業者が入ってくることを念頭に、居住者への注意喚起に努め、大規模修繕工事業者がリフォームの営業を行う際には事前に居住者にお知らせを配布し、不安が出ないように配慮することが大切です。

大規模修繕工事の際に部屋を訪問することがある担当者の顔写真を掲示するようにすれば、安心できると思います。高齢者が多いマンションの場合、担当者の顔写真を玄関ドアの裏側に貼っておいてもらうように配布するのも一手です。

(3) 詐欺的リフォームの被害

訪問業者が、「瓦が古くなって雨漏りの危険性がある」、「シロアリ、キクイ虫がいる」、「地震が起きたら倒壊のおそれがある」などと偽り、不安を過剰にあおって本来不要なリフォーム契約を締結させて、高額な料金を請求するリフォーム詐欺の被害が社会問題となっています。

これらの詐欺的リフォームは、主に一戸建て住宅を対象としていると思われますが、マンションリフォームの需要が高まる中で、マンションをターゲットにした詐欺商法も横行の危険があり要注意です。大規模修繕工事や無料点検などを口実にして巧みに住居内に入り込み、リフォームを勧める業者がいた場合は、まずは、管理組合に報告して、管理組合が関知している業者かどうか、そのリフォーム業者の素性を確認することが先決です。また、高齢の住人に対しては、バリアフリーリフォームなどを言葉巧みに勧め、工事の必要性や工事内容についての十分な精査もなく不相当に高額な料金の支払いを約束させるような類型も考えられます。

訪問販売を受けて、万一、契約をしてしまった場合は、法定の契約書面の交付を受けた日から8日間は、クーリング・オフの制度（特定商取引に関する法律9条）により契約を解除することができます。

訪問販売は不意打ち性が高く、消費者である注文者にとっては、たとえば冷静に判断できないような状況で契約してしまったとか、契約内容について

他の業者から話を聞いてみる機会をもてなかったなど、消費者を保護する必要性が高いのです。そこで、訪問販売により契約した場合、法定の契約書面を消費者が受け取ってから8日以内に、一方的に契約の解除を通知することができます。ただし、この解除は書面で行う必要がありますし、後日のトラブルを避けるため、配達証明付内容証明郵便を用いて通知することが望ましいです。

　法定の契約書面が交付されていない場合、あるいはその内容に不備がある場合は、クーリング・オフの期間は進行しません（契約をしてから8日以上経っていても解除が可能です）。

　クーリング・オフの制度の適用がない場合も、契約の内容や勧誘に問題がある場合、たとえば、本来、不要な工事を必要だとだまして契約させた場合や、代金が不相当に高額な場合は、消費者契約法や民法に基づき、契約の取消しや無効を主張できる場合があります。被害にあったと知ったときは、すぐに弁護士に相談してください。

参考資料

参考資料

参考資料①の「専有部分のリフォーム工事に関する細則」は、当ネットワークが作成した細則モデルです。本細則モデルは、国土交通省のマンション標準管理規約（平成23年改定版）の条文をもとに策定しています。実際のマンションにおいては、建物の状況や管理規約の内容はさまざまだと思います。ですので、実際にリフォーム工事に関する細則を策定される場合には、本細則モデルを参考にしながら、皆様のマンションの実情にあわせて適宜修正してご活用ください。

また、参考資料②は、「専有部分のリフォーム工事に関する細則」を区分所有者向けに解説する手引をイメージしています。こちらも、実情にあわせて適宜修正してご活用ください。

なお、本書執筆・編集中の2015年10月21日付けで、国土交通省より「マンションの管理の適正化に関する指針」および「マンション標準管理規約」の改正（案）に関して意見募集がなされていますが、マンション標準管理規約の改正（案）の中で「専有部分等の修繕等」について本細則モデルと同様に、理事会による承認や理事会への届出を要する工事という区分が取り上げられています。管理規約や細則を見直す際には、こちらもご参照ください。

【参考資料①】 専有部分のリフォーム工事に関する細則

専有部分のリフォーム工事に関する細則

（目的）
第1条　この細則（以下「本細則」という。）は、○○○○マンション管理規約（以下「規約」という。）第○条（使用細則）の規定に基づき、○○○○マンションの区分所有者や占有者が専有部分のリフォーム工事を行おうとする場合の届出及び承認申請の手続、処理その他の専有部分のリフォーム工事に係る事務に関し、必要な事項を定めることにより、適正かつ円滑な工事の実施ができるようにすることを目的とする。

（定義）
第2条　本細則において、次に掲げる用語の意義は、以下の各号に定めるところによる。

【参考資料①】 専有部分のリフォーム工事に関する細則

① 施主　リフォーム工事を実施する区分所有者をいう。
② 施工業者　リフォーム工事を実施する工事業者をいう。
③ 占有者　建物の区分所有等に関する法律（以下「区分所有法」という。）第6条第3項の占有者をいう。
④ 共用部分等　規約第○条（定義）第○号に規定する共用部分及び附属施設をいう。
⑤ 管理組合　規約第○条（管理組合）第○項に規定する○○○○マンション管理組合をいう。
⑥ リフォーム工事　規約第○条（専有部分の修繕等）第○項に規定する修繕、模様替えまたは建物に定着する物件の取付けもしくは取替えをいう。
⑦ 理事長　規約第○条（理事長）に規定する理事長をいう。
⑧ 総会　規約第○条（総会）に規定する総会をいう。
⑨ 理事会　規約第○条（理事会）に規定する理事会をいう。
⑩ 申請者　届出や承認申請を行う区分所有者をいう。
⑪ 専門家　管理組合が指定する建築士、弁護士、マンション管理士の他、マンションの管理または修繕等に関する専門知識を有する者をいう。

（本細則の遵守義務）
第3条　施主は、リフォーム工事の実施にあたって、本細則を遵守しなければならない。
2　施主は、工事を施工業者に依頼する場合には、施工業者に対して、規約、使用細則及び本細則を遵守させなければならない。

（禁止事項）
第4条　施主は、以下の各号記載の事項を行うことはできない。
① 法令、規約、本細則または他の使用細則違反の工事
② 軀体コンクリートのハツリ、穴開け、解体を伴う工事
③ 鉄骨の解体、切断、形質変更、溶接を伴う工事
④ 専有部分の増築
⑤ 工事の完了後に他の占有者に迷惑を及ぼすおそれのある工事
⑥ 他の区分所有者の共同の利益に反する工事

（届出が必要なリフォーム工事）
第5条　施主は、以下の各号に定めるリフォーム工事を行う場合には、本細則に定めるところにより、理事長に届け出なければならない。
① 各戸の玄関錠の交換及び増設
② 各戸の玄関扉のクローザーの交換
③ 内部仕上げ変更
④ 壁・天井クロス張替
⑤ カーテンレールの設置・変更

⑥ 照明器具の更新・増設
⑦ 給湯器、エアコンの設置・更新
⑧ 内部塗装工事
⑨ その他建物の構造・内装に対して、上記各号と同程度の変更・更新を加える工事

(届出手続)
第6条 施主は、第5条に定めるリフォーム工事を行おうとする場合には、当該工事の着工1週間前までに別記様式第1による届出書を理事長に提出しなければならない。

(承認申請手続が必要なリフォーム工事)
第7条 施主は、以下の各号に定めるリフォーム工事を行う場合には、本細則に定めるところにより、事前に、理事長の承認を得なければならない。
① 他の住戸の生活に影響を及ぼすおそれのある以下のような工事
　ア 遮音性能の変更(床材、床下地材、壁材、壁下地材の変更)
　イ エアコン室外機の設置方法変更など
　ウ 設備類の配管の変更・更新など
② 設備に影響を及ぼすおそれのある以下のような工事
　ア 設備機器(浴槽・浴室、流し台、便器、洗面台、洗濯機パン等)の変更
　イ 契約電力の変更
③ 共用部分等の変更を伴う工事
④ 共用部分等の専用使用権(バルコニー等)に係わる工事
⑤ リフォーム工事を実施することにより、騒音、臭気、振動、ほこり、その他他の区分所有者や占有者の生活に支障を及ぼすおそれがある工事

(承認申請手続)
第8条 施主は、第7条に定めるリフォーム工事を行おうとする場合には、当該工事の着工30日前までに、別記様式第2による申請書及び設計図、仕様書、工程表を理事長に提出して、承認申請を行わなければならない。
2 理事長は、前項により提出された書面では不備があると判断した場合には、当該区分所有者に対して、追加書類の提出を指示することができる。

(調査費用等の納入)
第9条 理事長は、申請を承認するか否かを決定するにあたり、調査等が必要と判断した場合は、理事会の決議に基づき、第18条に定める専門家への調査を依頼することができる。
2 前項の場合、理事長は、理事会の決議に基づき、申請者に対し、前項に基づき依頼した専門家に支払う費用(以下「調査費用等」という。)の納入を求めることができる。
3 前項に基づき調査費用等の納入を求められた場合、申請者は、理事長から通知

【参考資料①】 専有部分のリフォーム工事に関する細則

を受けてから10日以内に、理事長の指定する預金口座に、一括してこれを納入しなければならない。
4 申請者が前項の期日までに調査費用等の納入をしなかった場合、理事長は、申請者からの承認申請を却下するものとする。ただし、納入がされないことに特段の事情がある場合には、理事長は、納入期限の延長を行うことができる。
5 申請者が本条に基づき調査費用等の全額を納付したときは、理事長は、速やかに、第18条に基づき、専門家に対し、必要な調査等を依頼するものとする。
6 申請者が納付した調査費用等については、調査結果の如何にかかわらず、申請者は、その返還を請求することができない。
7 本条に基づき納入された調査費用等については、管理費に充当するものとする。

（承認申請の審査及び却下）
第10条 理事長は、申請者から第8条の申請書を受け取ったとき（第8条第2項による追加書類の提出がなされた場合は当該書類が追完されたときをいうものとする。）は、当該受領日から20日以内に、次条による承認等の決定をし、申請者にその結果を通知するものとする。ただし、調査に時間を要する場合には、理事長は、本項の期間を延長することができる。この場合、理事長は、当該申請者に対し、その旨通知するものとする。
2 次の各号の一に該当する場合には、理事長は、承認申請を却下しなければならない。ただし、承認申請の不備が補正することができるものである場合において、理事長の指定する日に申請者が即日これを補正したときは、この限りでない。
① 着工予定日の30日前までの承認申請でないとき。
② 申請者が区分所有権を有することを確認できないとき。
③ 承認申請に係る書類に記載漏れがあるときまたは申請書に必要な書類を添付していないとき。ただし、工事の程度により、理事長が問題ないと判断できる場合はこの限りではない。
④ 申請書の記載が明らかに申請書の添付書類の記載と抵触するとき。

（承認または不承認の決定）
第11条 理事長は、理事会の決議に基づき、専有部分のリフォーム工事の承認または不承認の決定をする。
2 前項の決定をする場合における不承認事由は以下の各号記載のリフォーム工事である場合をいう。
① 第4条の禁止事項に該当する工事
② 第12条により定める施工基準に違反する工事
3 理事会は、承認の決定に際して条件を付することができる。
4 理事長は、専有部分のリフォーム工事の承認または不承認を決定した場合は、施主に対して、別記様式第3による書面を交付するものとする。

（施工基準等）

第12条　専有部分のリフォーム工事に係る材料、施工要領の指定その他の施工基準等については、理事会の決議を経て別に定めることができる。

（工事計画に関する掲示等）
第13条　第11条に基づき承認決定を行った場合、理事長は、専有部分のリフォーム工事に係る工事計画の周知を図るため、速やかに所定の掲示場所に、別記様式第4による書面を掲示しなければならない。

（検査）
第14条　理事長またはその指定を受けた者は工事前、工事中、工事後にかかわらず、申請された工事の内容について、必要な範囲内において、施主立会の上で、リフォーム工事の箇所に立ち入り、必要な調査をすることができる。この場合において、施主は、正当な理由なくこれを拒んではならない。

（承認の取消し等）
第15条　次の各号の一に該当する場合には、理事長は、理事会の決議に基づき、施主に対し、専有部分のリフォーム工事の承認を取り消すことができるほか、規約第○条（勧告及び指示等）の規定に基づきその専有部分のリフォーム工事の差止め、排除もしくは原状回復のための必要な措置または費用償還もしくは損害賠償の請求を行うことができる。
　①　承認申請と異なる専有部分のリフォーム工事を行ったとき。
　②　専有部分のリフォーム工事の施工並びに工事の機材及び残材の運搬等により共用部分等を毀損し、または汚損したとき。
　③　専有部分のリフォーム工事により共用部分等または他の区分所有者もしくは占有者に著しい影響を及ぼすことが判明したとき。
　④　その他専有部分のリフォーム工事が法令、規約、本細則または他の使用細則の規定に抵触したとき。
2　前項の措置を講じた場合、理事長は、申請者に対し、違約金としての弁護士費用及び前項の措置に要する諸費用を請求することができる。

（事故等の発生）
第16条　施主は、リフォーム工事の実施により、共用部分を毀損しあるいは汚損させた場合または他の占有者や第三者に対して損害を与えた場合は、速やかに管理組合に報告しなければならない。
2　前項の場合、施主は、自らの責任と負担において原状回復をし、または生じた損害を填補するものとし、管理組合に一切の迷惑をかけないものとする。

（施工業者の選定）
第17条　施主は、リフォーム工事の実施に起因する紛争が生じないよう、次の各号の事項を参考にして、信頼に足る施工業者を選定しなければならない。
　①　施工業者がマンションのリフォーム工事に関して十分な知識と実績をもっていること

② 戸建住戸と異なるマンションにおけるリフォーム工事の特性を十分に把握していること

（調査及び事務の委託）
第18条　理事長は、理事会の決議に基づき、本細則に定める事務の全部または一部を、第三者である専門家に委託することができる。この場合、理事長は、理事会の決議により、第三者に支払う費用を支出することができる。

（紛争解決等の責任）
第19条　専有部分のリフォーム工事に関し、他の区分所有者または占有者との間に紛争が生じたときは、施主は、誠実にその紛争の解決または処理に当たらなければならない。
2　前項に規定する場合において、管理組合は、一切の責任を負わず、また一切関与しないものとする。

（細則外事項）
第20条　本細則に定めのない事項については、規約または他の使用細則の定めるところによる。

（細則の改廃）
第21条　本細則の変更または廃止は、総会の決議を経なければならない。

附　則
　この細則は、平成○年○月○日から効力を発する。

参考資料

別記様式第1　届出書（第6条関係）

専有部分のリフォーム工事届出書

○○マンション管理組合
理事長　　　　　　殿

私は、○○○○マンション管理規約第○条及び専有部分のリフォーム工事に関する細則第6条の規定に基づき、この届出書により届け出ます。

平成　　年　　月　　日届出

申請者	氏名（区分所有者）	印	
	連絡先	〒	
	（電話）	－　　　　　－	
	対象住戸	号室	
専有部分のリフォーム等の名称（工事名）		
施工場所または部位 （具体的な箇所）		
予定工事期間（または着工予定日・完成予定日）		平成　　年　　月　　日（　） 　　　～平成　　年　　月　　日（　）
予定工事時間（または工事時間帯）		（午前・午後）　　時　　分 　　　～（午前・午後）　　時　　分
施工業者	名称（商号）		
	事務所の所在地	〒	
	（電話）	－　　　　　－	
承認申請に付帯する申請等		
添付書類		

【参考資料①】　専有部分のリフォーム工事に関する細則

別記様式第2　申請書（第8条第1項関係）

専有部分のリフォーム工事承認申請書

○○マンション管理組合
理事長　　　　　　殿

> 私は、○○○○マンション管理規約第○条及び専有部分のリフォーム工事に関する細則（以下「細則」という。）第8条第1項の規定に基づき、この申請書により、承認申請をします。なお、細則第9条第2項の規定により調査費用等の納入を求められたときは、同条の規定に従い納入します。

平成　　年　　月　　日届出

申請者	氏名（区分所有者）	印
	連絡先	〒
	（電話）	－　　　　　－
	対象住戸	号室
専有部分のリフォーム等の名称（工事名）		
施工場所または部位（具体的な箇所）		
予定工事期間（または着工予定日・完成予定日）	平成　　年　　月　　日（　） 　　～平成　　年　　月　　日（　）	
予定工事時間（または工事時間帯）	（午前・午後）　　時　　分 　　～（午前・午後）　　時　　分	
施工業者	名称（商号）	
	事務所の所在地	〒
	（電話）	－　　　　　－
承認申請に付帯する申請等		
添付書類		

参考資料

別記様式第3　決定通知書（第11条第4項関係）

決定通知書

平成＿＿年＿＿月＿＿日

＿＿＿号室＿＿＿＿＿＿＿殿

○○○○マンション管理組合
理事長　　　　　　　印

平成＿＿年＿＿月＿＿日付で貴殿から承認申請のあった専有部分のリフォーム工事については、次のとおり決定しましたので、専有部分のリフォーム工事に関する細則第11条第4項の規定により通知します。

☐　不承認
　　　　　　　　　平成＿＿年＿＿月＿＿日　理事会決議

☐　承認
　　　　　　　　　平成＿＿年＿＿月＿＿日　理事会決議
承認の条件　☐　無　・　☐　有（以下のとおり。）

＿＿＿＿＿＿＿＿＿＿＿＿＿＿＿＿＿＿＿＿＿＿＿＿
＿＿＿＿＿＿＿＿＿＿＿＿＿＿＿＿＿＿＿＿＿＿＿＿
＿＿＿＿＿＿＿＿＿＿＿＿＿＿＿＿＿＿＿＿＿＿＿＿
＿＿＿＿＿＿＿＿＿＿＿＿＿＿＿＿＿＿＿＿＿＿＿＿

※　決定内容及び該当事項は、☐にチェックのあるもの。

【参考資料①】 専有部分のリフォーム工事に関する細則

別記様式第4　工事計画のお知らせ（第13条関係）

専有部分のリフォーム工事に係る工事計画のお知らせ

対象住戸	号室
専有部分のリフォーム等の名称（工事名）	
施工場所または部位（具体的な箇所）	
予定工事期間（または着工予定日・完成予定日）	平成　　年　　月　　日（　） 　　　～平成　　年　　月　　日（　）
予定工事時間（または工事時間帯）	（午前・午後）　　時　　分 　　～（午前・午後）　　時　　分
施工業者　名称（商号）	
施工業者　事務所の所在地	〒
施工業者　（電話）	－　　　－
承認申請に付帯する申請等	
書面掲示年月日	

・この書面は、専有部分のリフォーム工事に関する細則第13条の規定により掲示したものです。

・ご不明な点については、下記へご連絡ください。
　［連絡先］

　　　　　　　　　（電話）　　　　－　　　　－

参考資料

参考資料

【参考資料②】「専有部分のリフォーム工事に関する細則」活用の手引
～お部屋内で工事をお考えの区分所有者の方に向けた工事を行う前の確認事項～

Ⅰ　本細則について

1　細則の目的

　区分所有者が自己の所有部分を改修しようとするとき、他の住戸への影響が考えられます。工事の基準を設けこれを遵守してもらうことにより、他の住戸への影響を最低限のものとすることが可能となりますし、工事も円滑に進みます。専有部分のリフォーム工事に関する細則（以下、「本細則」といいます）はこの工事の基準を明らかにするとともに、これを遵守させるための手続・方法を決めるものです。
　具体的な理由は以下によります。
　①　共同生活を営むうえでの円滑かつ安全な居住環境の確保のため
　　　ア　工事中の騒音・振動に伴う苦情発生の低減
　　　イ　工事中の事故・犯罪防止
　　　ウ　工事結果に伴う騒音問題等発生の低減
　②　財産・資産の低下を防止するため　　共用部分の下記性能の低下防止
　　　ア　構造上
　　　イ　住環境上
　　　ウ　防災上
　　　エ　安全上
　　　オ　美観上

2　共用部分と専有部分

　区分所有者が工事できるのは一般的には専有部分ですが、専有部分だからといって勝手に工事ができるわけではありません。また、居住者が専有部分と思っている箇所が実は共用部分であるということも多く、まずは共用部分と専有部分を把握しておく必要があります。
　なお、共用部分と専有部分について、細かな区分は基本的には管理規約に明記することが必要です。この記載内容の確認を怠らないようにしましょう。以下の記載は区分の一例です。

※理事会向け説明①【本細則を利用するにあたって】
　本細則は１つのモデルです。管理組合の状況、あるいは、マンションの特徴などから、本細則を基として見直しを行い、より完成度の高い細則につくり

上げていくことが望まれます。

Ⅱ 共用部分と専有部分

〔表1〕に示す「法定共用部分」と「規約共用部分」が共用部分になります。管理事務室など独立性を有している部分は、管理規約で定めることにより共用部分とすることができます。これを「規約共用部分」と呼びます。

〔表2〕には、問題になりやすい部分を示しました。

〔表1〕 共用部分・専有部分の一覧表

法定共用部分		専用使用部分※	専有部分	
共同で維持管理する部分			規約共用部分※	区分所有者が所有する専有部分
・共用玄関ホール ・共用廊下 ・共用階段 ・共用エレベーターホール ・共用エレベーター室 ・電気室 ・機械室 ・パイプスペース ・メーターボックス（給湯機等の設備を除く） ・内外壁（軀体部） ・界壁（隣戸間の壁） ・床スラブ ・基礎部分 ・バルコニー ・ベランダ ・屋上テラス ・塔屋 ・車庫等 ・専有部分に属さない「建物の部分」	・共用エレベーター設備 ・電気設備※ ・給排水衛生設備※ ・ガス配管設備※ ・避雷設備 ・インターネット等通信設備 ・ケーブルテレビ設備 ・オートロック設備 ・火災警報設備 ・宅配ボックス ・集合郵便受箱 ・配線・配管 ・その他専有部分に属さない「建物の附属物」 ※給水管・ガス管・電気配線については、本管から各住戸メーターを含む部分 ※雑排水管および汚水管については、配管継	・バルコニー ・ベランダ ・玄関扉 ・窓枠・窓ガラス ・1階に面する庭 ・屋上テラス ・シャッター ・店舗前面敷地など ※個人が独占的に使用できる部分	・管理事務室 ・管理用倉庫 ・集会室およびそれらの附属物 ※住民全体で共用するために管理規約で共用部分であることを規定した部分	・住戸の室内の空間およびそこに属するもの（軀体部分は表層も含め共用部分） ↑ 区分所有者が工事できるのはこの部分のみ

	手および立て管 ※機器については「個人が所有する専有部分」の機器は除く			

〔表2〕 問題になりやすい部分

玄関扉	錠、扉・枠の室内側のみ専有部分。その他はすべて共用部分 ※ドアの取っ手が使いづらいからといっても変更できない
窓枠・ 窓ガラス	ガラス、網戸も含めてすべて共用部分 ※網戸の網は専用使用者の管理とするのが一般的 ※ガラスが割れた場合、過失の場合以外は組合費で補修 ※ガラスの種類を変更（網入り→網なし、ペアガラス化、防犯ガラス化など）するのは管理組合の承諾が必要
火災報知設備	後付けによる「住宅用火災警報器」以外の、竣工時より取り付けられている報知器は共用部分 ※リフォームで間取りを変更する場合、間取りに応じた報知器を設置しなければならない
オートロック インターホン	火災報知設備とつながっているタイプもある ※オートロックではなく、部屋の外とつながっているだけのインターホンは管理規約による
配 管	古い建物で、下階の天井内に上階の配管が設置されている場合は管理規約により明記しておく必要がある
躯 体	コンクリート部分は表層も共用部分。コンクリート釘やアンカーを打つには管理組合の承諾が必要
バルコニー ・ベランダ	共用部分で専用使用権が認められているのが一般的

※理事会向け補足説明②【共用部分と専有部分の区分け】

　上記以外にもマンション独自の箇所・物等について管理規約で明確にしておきましょう。
　専有部分と共用部分の区分けは、細則の運営上、事前に決めておかなければならない内容であり、区分所有者に細則を周知させる際に同時に告知が必要となる内容です。後述の例をもとにマンション独自の区分けを明確にしておきましょう。ただし、素人で判断するのは難しいため、できれば専門家に工事ごとに発生する懸念材料を教えてもらいながら作成することをお勧めします。

Ⅲ 細則の構成

お部屋で工事を行う場合、建物への影響や、他の住戸への対策も考える必要があります。そのため、当管理組合には本細則が制定されています。

本細則の規定に基づいて提出された「届出書」または「申請書」を理事長（理事会）が確認し、申請書の場合は承認された場合にのみ工事が可能となります。

本細則は、以下のような構成になっています。

① 工事の内容によって異なる、手続の規定（第4条・第5条・第7条）
　　ア　禁止される工事
　　イ　施主が管理者（理事長）に対して「届出」を要する工事
　　ウ　施主が管理者（理事長）に「承認」を受ける工事
② 手続および審査・承認の流れ（第6条、第8条～第11条）
　　ア　「届出」工事の手続
　　イ　「承認」工事の手続と審査・承認、工事計画の掲示
③ 施工の基準、工事中の処理（第12条～第16条）
④ 調査・事務の委託、紛争解決等の責任、その他（第17条～第20条）

> お部屋で工事をするには、管理組合への届出または管理組合の承認が必要です

※理事会向け補足説明③【手続の確立】

手続で重要なのは、提出された書類が妥当かどうか、その内容に問題がないかを判断することです。

細則を確定させるためには、素人だけでは難しい面が多々存在します。専門家（建築士や弁護士、マンション管理士など）の利用を検討しましょう。

参考資料

Ⅳ 手続の流れ

リフォーム工事を検討する際には、〈図〉に示す流れが必要になることを考慮して、工事のスケジュールを考えましょう。

〈図〉 リフォーム工事の手続の流れ

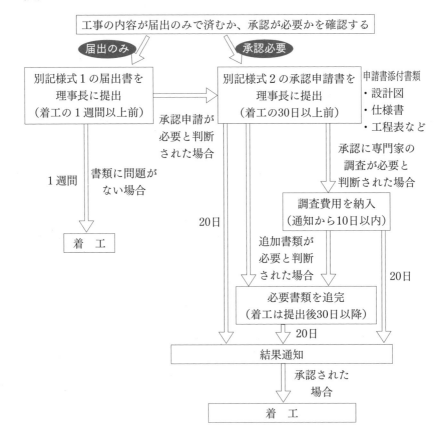

【参考資料②】 「専有部分のリフォーム工事に関する細則」活用の手引

Ⅴ 「届出」と「承認」

リフォームの工事内容ごとに、「届出」になるか「承認」が必要かは、〔表3〕を見てご判断ください。判断がつかないときは、理事長に相談してください。

その工事は「届出」のみ？、それとも「承認」が必要？

〔表3〕 届出と承認の工事区別

（注：ここに記載されているのは一例です）

部位	工事内容	申請不要	届出	要承認 組合	要承認 専門	要承認 検査	不可
窓周り	窓ガラスの交換（新築時と同仕様）		○				
	〃 （新築時と別仕様）			○			
	二重サッシ（内部枠取付）の取付			○			
	本体の更新						○
	網戸の網交換		○				
	網戸本体交換		○				
玄関扉	錠交換		○				
	錠増設		○				
	クローザー交換		○				
	クローザー撤去						○
	握り玉、レバーハンドル交換（既存と同仕様）		○				
	握り玉、レバーハンドル交換（既存と別仕様）						○
	内部仕上変更		○				
	本体の更新						○
内部仕上げ	壁・天井クロスの貼り替え		○				
	床仕上げの更新（新築時と同仕様）		○				
	床仕上げの更新（新築時と別仕様）				○	○	
	枠などの塗装		○				
	間仕切り壁の移動				○	○	

要承認欄凡例
「組合」：組合のみで判断
「専門」：専門家が判断
「検査」：工事中・後の検査必要

参考資料

分類	項目	1	2	3	4	5
	間取りの一部変更（間仕切り壁の撤去など）			○		
	間取りの全面変更				○	○
	カーテンレールの設置・交換	○				
ベランダ	仕上げの変更					○
	物干し金物の設置・更新		○			
	固定物設置					○
	移動可能物設置	○				
電気設備	照明器具の更新	○				
	照明器具の増設	○				
	電話線のひき替え・増設			○		
	光ケーブルの契約会社新規申込み・変更	○				
	契約アンペアの変更		○			
	TV端子の増設			○		
	屋外へのアンテナ設置					○
	インターホンの付け替え（住戸独立インターホン）	○				
	インターホンの付け替え（オートロック連動）					○
空調換気衛生ガス設備	便器の更新		○			
	洗面台の更新		○			
	洗濯機パンの更新		○			
	浴室の変更			○	○	
	配管設置を伴う設備機器の移動・増設			○	○	
	ユニットバスの更新			○	○	
	厨房設備の更新	○				
	ディスポーザーの設置					○
	換気扇の変更・更新	○				
	空調ダクトの変更・更新			○	○	
	埋設配管の設置・更新			○	○	
	給湯器の更新		○			

【参考資料②】「専有部分のリフォーム工事に関する細則」活用の手引

	エアコンの設置・更新		○			
	エアコンの設置に伴う外壁の穴あけ			○		○
	ガス設備の増設・更新				○	○
その他	盗難や事故等による破損箇所の原状復旧	○	○後日			
	主要構造部（躯体・梁・柱など）の穿孔・掘削					○

VI 調査費用負担金

承認が必要な工事で、専門家による調査が必要になった場合の費用は、〔表〕のとおりとなります。

〔表〕 調査費用等負担金の額

名目		負担金
届出のみの場合		なし
承認が必要な場合	組合のみで判断可	なし
	書類確認のみ	¥○○,○○○
	現地事前確認が必要	¥○○,○○○
	施工検査が必要	¥○○,○○○

※理事会向け補足説明④【専門家の確保】

書類の検証および調査や検査は専門家（建築士など）を利用しなければなりませんが、申請があってから専門家を探したのでは遅すぎるため、日頃から依頼を受けてもらえる専門家と業務内容および費用の取決めをしておくことが望まれます。

◆執筆者紹介◆

マンション維持管理支援・専門家ネットワーク

(事務局)　株式会社象地域設計
　　　　　住所：〒124-0001　東京都葛飾区小菅4-22-15
　　　　　電話：03-3601-6841
　　　　　FAX：03-3601-6944

内田　耕司（弁護士／オアシス法律事務所）
大江　京子（弁護士／東京東部法律事務所）
佐伯　和彦（一級建築士／㈱象地域設計）
佐々木好一（弁護士／田中・石原・佐々木法律事務所）
千代崎一夫（マンション管理士／住まいとまちづくりコープ）
祢宜　秀之（マンション管理士／㈱興和ビルメンテ取締役管理部長）
松木　康高（㈱象地域設計）
山下　千佳（福祉住環境コーディネーター／住まいとまちづくりコープ）
山野井　武（一級建築士／山野井建築設計工房）

　　　　　　　　　　　　　　　　　　　　　　　　（50音順）

Q&Aマンションリフォームのツボ
──管理組合・居住者が知っておくべきトラブル予防・解決の必須知識

平成27年12月1日　第1刷発行

定価　本体 1,400円＋税

編　者	マンション維持管理支援・専門家ネットワーク	
発　行	株式会社　民事法研究会	
印　刷	株式会社　太平印刷社	

発行所　株式会社　民事法研究会
　〒150-0013　東京都渋谷区恵比寿3-7-16
　〔営業〕TEL 03（5798）7257　FAX 03（5798）7258
　〔編集〕TEL 03（5798）7277　FAX 03（5798）7278
　　http://www.minjiho.com/　　info@minjiho.com

組版／民事法研究会
落丁・乱丁はおとりかえします。ISBN978-4-86556-055-8 C2030 ¥1400E

Q&Aマンションライフのツボ

マンション維持管理支援・専門家ネットワーク　編

マンションに関する「これだけは知っておきたい」項目にズバリ回答！

A 5 判・128頁・1,000円+税

Q&Aマンション法実務ハンドブック

全国マンション問題研究会　編

マンション管理の法的ポイントを中心にQ&A方式でわかりやすく解説！

A 5 判・403頁・3,400円+税

マンション紛争の上手な対処法〔第4版〕

全国マンション問題研究会　編

マンションをめぐるあらゆる紛争とその対処法を明示！

A 5 判・466頁・4,000円+税

わかりやすいマンション判例の解説〔第3版〕

全国マンション問題研究会　編

関係判例を綿密・詳細に分析し、あるべき解決指針を論じた実践的手引書！

A 5 判・467頁・4,000円+税

マンションの滞納管理費等回収実務ハンドブック

滞納管理費等回収実務研究会　編

管理組合を悩ませる滞納管理費問題を解決へと導く手引書！

A 5 判・231頁・2,000円+税

民事法研究会　　　http://www.minjiho.com/